KB189877

# 김영회의 금강경 해석본

# 김영회의 금강경 해석본

발행일      2017년 7월 26일

지은이      김 영 회
펴낸이      손 형 국
펴낸곳      (주)북랩
편집인      선일영            편집    이종무, 권혁신, 송재병, 이소현, 최예은
디자인      이현수, 김민하, 이정아, 한수희      제작    박기성, 황동현, 구성우
마케팅      김회란, 박진관, 김한결
출판등록    2004. 12. 1(제2012-000051호)
주소        서울시 금천구 가산디지털 1로 168, 우림라이온스밸리 B동 B113, 114호
홈페이지     www.book.co.kr
전화번호     (02)2026-5777                    팩스      (02)2026-5747

ISBN      979-11-5987-708-7 03220 (종이책)    979-11-5987-709-4 05220 (전자책)

잘못된 책은 구입한 곳에서 교환해드립니다.
이 책은 저작권법에 따라 보호받는 저작물이므로 무단 전재와 복제를 금합니다.

이 도서의 국립중앙도서관 출판예정도서목록(CIP)은 서지정보유통지원시스템 홈페이지(http://seoji.nl.go.kr)와
국가자료공동목록시스템(http://www.nl.go.kr/kolisnet)에서 이용하실 수 있습니다.
(CIP제어번호 : CIP2017017589)

**(주)북랩** 성공출판의 파트너

북랩 홈페이지와 패밀리 사이트에서 다양한 출판 솔루션을 만나 보세요!

**홈페이지** book.co.kr  •  **블로그** blog.naver.com/essaybook  •  **원고모집** book@book.co.kr

# 김영회의
# 금강경 해석본
金 剛 經

김영회 역해

북랩 book Lab

# 머 리 말

'금강경'은 '금강반야바라밀경'의 줄임말입니다.
'금강반야바라밀경'은 '석가모니' 부처님과 장로 수보리와의 문답을
부처님의 십대 제자이신 아난존자께서 정리하시고 이를
구마라습이 한문으로 바꾸셨으며, 다시 이를 제가 한글로
바꾸었습니다.

'금강반야바라밀경'은 머리말이 어울리지 않아 최소한의 글만
써야겠다고 생각하였습니다.
왜냐하면 '금강반야바라밀경'이기 때문입니다.

'금강반야바라밀경'은 아무런 생각 없이 읽다가 소리 내어 읽고
싶으면 그냥 소리 내어 읽으세요.
왜냐하면 '금강반야바라밀경'이기 때문입니다.

'금강반야바라밀경'은 많은 사람에게 널리 알려야 합니다.
왜냐하면 '금강반야바라밀경'이기 때문입니다.

정유년 칠월에   김영희

# 차 례

# 一.

# 法會因由分
## 법 회 인 유 분

⋮

걸식을 하기 위해 모이면 반드시 연달아 따르면서

이어서 받아야 합니다

여 시 아 문
**如 是 我 聞**

이와 같이 나는 들었습니다.

일 시
**一 時 .**

한동안,

불 재 사 위 국 기 수 급 고 독 원  여 대 비 구 중
**佛 在 舍 衛 國 祇 樹 給 孤 獨 園  與 大 比 丘 衆**

천 이 백 오 십 인 구
**千 二 百 五 十 人 俱 .**

부처님께서는 사위국 기수급 고독원에서 훌륭하신 비구와 더불어
천이백오십 명의 무리와 함께 계셨습니다.

* 比丘: 출가를 하여 불문에 들어 구족계를 받은 남자 승려.

이 시
爾時,

마침,

세 존 식 시
世尊食時,

세존께서는 공양 때가 되어,

착 의 지 발
著衣持鉢,

가사를 입고 발우를 들고,

입 사 위 대 성 걸 식
入舍衛大城乞食.

걸식하시러 사위대성에 들어가셨습니다.

어 기 성 중   차 제 걸 이
**於其城中   次第乞已,**

그런데 성중에서 차례대로 걸식할 때 거지같이 구걸하거나,
독촉하여 받거나, 걸식한 음식을 버리면 용서하지 않으셨습니다.
이윽고 걸식이 끝나고,

환 지 본 처   반 사 흘
**還至本處   飯食訖,**

본래의 처소로 돌아와 공양을 마치시면,

수 의 발   선 족 이   부 좌 이 좌
**收衣鉢   洗足已   敷座而坐.**

가사와 발우를 거두어 정리하시고 반드시 물을 길어 발을
씻으신 다음 자리를 펴고 앉으셨습니다.

# 二.

# 善現起請分
## 선 현 기 청 분

⋮

착하게 그 자리에서 일어나서 뵙고 청하였습니다

시 장로수보리 재대중중 즉종좌기 편단우견
時 長老須菩提 在大衆中 卽從座起 偏袒右肩,

오른쪽 어깨를 드러내고 대중 가운데에서 부처님께서 자리에
앉으시기를 엿보고 있던 장로 수보리가 부처님께서 앉으시자마자
조용하게 자리에서 일어나 느릿하게 가까이 다가서더니,

우슬착지 합장공경 이백불언
右膝著地 合掌恭敬 而白佛言.

오른쪽 무릎을 땅에 대고 공손하게 합장을 하면서 예를 갖추고
이어서 진술하게 부처님께 말했습니다.

김영희의 금강경 해석본

희 유 세 존
希有世尊.

"바라건대 많은 것을 알고 계신 세존이시여."


여 래 선 호 념 제 보 살 선 부 촉 제 보 살
如來善護念諸菩薩 善付囑諸菩薩.

"여래께서는 모든 보살들에게 착한 생각을 지켜야 착하게 따를 수
있다고 모든 보살들에게 당부하셨습니다."


세 존
世尊.

"세존."


선 남 자 선 여 인  발 아 누 다 라 삼 먁 삼 보 리 심
善男子 善女人 發阿耨多羅三藐三菩提心

응 운 하 주  운 하 항 복 기 심
應云何住 云何降伏其心.

"그렇게 하려면 착한 남자, 착한 여인이 '아누다라삼먁삼보리'의
마음이 일어나야 하는데 그런 마음이 일어나도 어떻게 그 마음을
머무르게 하고, 구름처럼 피어나는 어떤 마음(번뇌)을 어떻게
다스릴 수 있습니까?"

불 언
佛言.

부처님께서 말씀하셨습니다.


선 재 선 재
善哉 善哉.

"참으로 훌륭하십니다."


수 보 리
須菩提.

"수보리."


* 須菩提: 解空이 제일인 석가모니 부처님의 십대 제자 중 한 분.


여 여 소 설
如汝所說,

"그대가 말씀하신 대로,


여 래 선 호 념 제 보 살 선 부 촉 제 보 살
如來善護念諸菩薩 善付囑諸菩薩.

여래는 모든 보살들에게 착한 생각을 지켜야 착하게 따를 수
있다고 모든 보살들에게 당부했습니다."

여금 체 청
汝今諦聽.

"지금부터 그대가 자세히 알 수 있도록 말씀을 드릴 테니
귀를 기울여 들어보세요."


당 위 여 설
當爲汝說,

"갑자기 그대가 그대의 생각을 나에게 와서 말했듯이,


선 남 자 선 여 인 발 아 누 다 라 삼 먁 삼 보 리 심
善男子 善女人 發阿耨多羅三藐三菩提心

응 여 시 주 여 시 항 복 기 심
應如是住 如是降伏其心.

착한 남자, 착한 여인은 '아누다라삼먁삼보리' 마음이
일어날 때처럼 이와 같은 마음으로 머물러야 하고,
이와 같은 마음으로 그런 마음을 다스려야 합니다."


유 연 세 존
唯然世尊.

"예, 세존이시여."


善現起請分 선현기청분                                        19

원 요 욕 문
**願樂欲聞.**

공손해진 장로 수보리는 부처님께서 말씀하시면 즐거운 마음으로

듣기를 좋아하게 되었습니다.

# 三.

# 大乘正宗分
## 대 승 정 종 분
⋮
크게 오르려면 크게 헤아리고 기준을 바로 잡아야 합니다

불 고
佛告.

부처님께서 말씀하셨습니다.

수 보 리
須菩提.

"수보리."

제 보 살 마 하 살  응 여 시 항 복 기 심
諸菩薩摩訶薩  應如是降伏其心.

"모든 보살마하살들은 이와 같이 그런 마음을 다스려야 합니다."
라고 하시면서,

소 유 일 체 중 생 지 류
所有一切衆生之類,

"살아있는 모든 무리들,


약 난 생
若卵生,

알에서 태어나고,


약 태 생
若胎生,

태에서 태어나고,


약 습 생
若濕生,

자연 그대로 태어나고,


\* 濕(젖을 습): 자연 그대로의 것(역자 주: 전생에 사람이 다시 사람으로 태어나는
  것, 즉 전생과 후생이 같은 것).


약 화 생
若化生,

죽어서 바뀌어 태어나고,


김영회의 금강경 해석본

* 化(될 화): 교역하다, 바뀌다, 태어나다. '사람이 모양을 바꿔 다른 사람이 된다.'
  는 뜻.


약 유 색
若有色,

모양이 있고,


약 무 색
若無色,

모양이 없고,


약 유 상
若有想,

생각이 있고,


약 무 상
若無想,

생각이 없고,


약 비 유 상 비 무 상
若非有想非無想,

생각이 있는 것도 아니고 생각이 없는 것도 아닌,

아 개 영 입 무 여 열 반
**我 皆 令 入 無 餘 涅 槃,**

그런 진흙탕 같은 세상에서 우리로 하여금 모두가 남겨진 시간 동안 즐기면서 '무여열반'으로 들어가려면,

* 無餘涅槃: 온갖 번뇌를 다 없애고 분별하는 슬기를 떠나 육신까지도 없애어 완전히 정적으로 들어선 경지.

이 멸 도 지
**而 滅 度 之**

'멸도'에 도달해야 하는데,

* 滅度: 모든 번뇌의 속박에서 벗어나고 진리를 깨달아 불생불멸의 법을 체득한 경지.

이 시 멸 도
**如 是 滅 度,**

이와 같은 '멸도'는,

무 량
**無 量,**

미루어 생각하여 헤아리는 것도 없고,

무 수
**無數,**

도리(道理)도 없이,


무 변 중 생
**無邊衆生,**

따지지 아니하고 한쪽 끝으로 걸어가는 중생치고,


실 무 중 생 득 멸 도 자
**實無衆生得滅度者.**

참으로 '멸도'를 얻은 중생이 없습니다."


하 이 고
**何以故,**

"왜냐하면,"


수 보 리
**須菩提.**

"수보리."

약 보 살  유 아 상  인 상 중 생 상  수 자 상  즉 비 보 살
若菩薩 有我相 人相 衆生相 壽者相 卽非菩薩.

"보살들이 아상, 인상, 중생상, 수자상이 있기 때문이고,

이와 같은 보살은 보살이 아닙니다."

김영희의 금강경 해석본

# 四.

# 妙行無住分
묘 행 무 주 분
:
말할 수 없이 빼어나고 훌륭하려면
머무름 없이 행해야 합니다


부 차
# 復次.

부처님께서 거듭하여 말씀하셨습니다.


수 보 리
# 須菩提.

"수보리."


보 살 어 법  응 무 소 주  행 어 보 시
# 菩薩於法 應無所住 行於布施,

"보살들이 법에 따라 머무름 없이 보시를 행하려면,

\* 布施: 중생을 사랑하고 가엾게 여기는 마음으로 남에게 재물이나 불법을

　베푸는 것.


소 위 부 주 색 보 시　부 주 성 향 미 촉 법 보 시
所謂不住色布施　不住聲香味觸法布施.

보시를 하더라도 색에도 머무름이 없어야 하고, 소리, 향, 맛,

느낌, 법에도 머무름이 없어야 보시입니다."


수 보 리
須菩提.

"수보리."


보 살 응 여 시 보 시　부 주 어 상
菩薩應如是布施　不住於相.

"보살들은 이와 같이 어떠한 상에도 머무름 없이

보시를 해야 합니다."


하 이 고
何以故,

"왜냐하면,"

약 보 살 부 주 상 보 시
若菩薩不住相布施,

"보살들이 상에 머무름 없이 보시를 하면,

기 복 덕 불 가 사 량
其福德不可思量.

그 복덕은 헤아릴 수가 없기 때문입니다."

수 보 리
須菩提.

"수보리."

어 의 운 하
於意云何.

"그대의 생각은 어떠하십니까?"

동 방 허 공  가 사 량 부
東方虛空 可思量不.

"동쪽 허공을 가히 헤아릴 수 있습니까?"

불야　세존
不也．世尊．

"없습니다. 세존."


수보리
須菩提．

"수보리."


남서북방　사유상하허공　가사량부
南西北方　四維上下虛空　可思量不．

"남서북 쪽 사유상하 허공을 가히 헤아릴 수 있습니까?"


불야　세존
不也．世尊．

"없습니다. 세존."


수보리
須菩提．

"수보리."


보살무주상보시복덕
菩薩無住相布施福德,

"보살들이 상에 머무름 없이 보시하는 복덕은,

역 부 여 시  불 가 사 량
亦復如是  不可思量.

이와 같이 헤아릴 수 없이 돌아옵니다."


수 보 리
須菩提.

"수보리."


보 살 단 응 여 소 교 주
菩薩但應如所教住.

"그러므로 보살들은 여래가 가르쳤던 바를
본받아 살아야 합니다."

# 五.

# 如理實見分
여 리 실 견 분

⋮

있는 그대로 보아야 합니다


수 보 리
須菩提.

"수보리."


어 의 운 하
於意云何.

"그대의 생각은 어떠하십니까?"


가 이 신 상  견 여 래 부
可以身相  見如來不.

"몸이 좋아야 여래입니까?"

불야　세존
不也. 世尊.

"아닙니다. 세존."


불가 이 신 상　득 견 여 래
不可以身相 得見如來.

"몸이 좋지 않아도 여래에 이를 수 있습니다."


하 이 고
何以故,

"왜냐하면,"


여 래 소 설 신 상　즉 비 신 상
如來所說身相 卽非身相.

"여래께서는 '몸이 나는 아니다.'라고 말씀하셨기 때문입니다."


불 고
佛告.

부처님께서 말씀하셨습니다.


수 보 리
須菩提.

"수보리."

범 소 유 상  개 시 허 망
凡所有相 皆是虛妄,

"무릇 상을 가지고 있는 것 모두가 허망한 것입니다.


약 견 제 상 비 상  즉 견 여 래
若見諸相非相 卽見如來.

이와 같이 모든 상은 상이 아니라는 것을 알아야 '여래'입니다."

# 六.

# 正信希有分
## 정 신 희 유 분
⋮
올바른 믿음은 간절함이 있어야 합니다

수 보 리 백 불 언
須菩提白佛言.

수보리가 진솔하게 부처님께 말했습니다.

세 존
世尊.

"세존이시여."

파 유 중 생
頗有衆生,

"매우 비뚤어진 세상에서 많은 중생들이,

득문여시언설장구 생실신부
**得聞如是言說章句 生實信不.**

여래께서 말씀하셨던 이와 같은 글과 구절을 얻어들으면
진실한 믿음이 생겨날 수 있습니까?"

불고
**佛告.**

부처님께서 말씀하셨습니다.

수보리
**須菩提.**

"수보리."

막작시설
**莫作是說.**

"그런 말씀은 하지 말아야 합니다."

여래멸후 후오백세
**如來滅後 後五百歲,**

"여래가 열반에 든 후 오백 년 뒤에라도,

유 지 계 수 복 자
**有 持 戒 修 福 者,**

'계'를 가지고 닦으면 사람들이 복을 받을 수 있어야 합니다.


어 차 장 구
**於 此 章 句,**

그러려면 이 글과 구를 따르면 된다는,


능 생 신 심
**能 生 信 心.**

믿음이 생겨나야 합니다.


이 차 위 실
**以 此 爲 實,**

이 때문에 '계'의 내용이 진실로 이루어져,


당 지 시 인
**當 知 是 人.**

당연히 사람들이 이 '계'를 알려고 해야 합니다.

불 어 일 불 이 불 삼 사 오 불   이 종 선 근
不 於 一 佛 二 佛 三 四 五 佛   而 種 善 根

그래서 첫 번째 부처님, 두 번째 부처님 그리고, 셋째, 넷째, 다섯
번째 부처님께서 선행의 뿌리를 내리려고 힘이 들어도 계속해서
선행을 하셨을 뿐만 아니라,


이 어 무 량
已 於 無 量,

이미 한없이 존재하는,


천 만 불 소
千 萬 佛 所,

천만의 부처님께서도 곳곳에서,


종 제 선 근
種 諸 善 根,

모든 선행이 뿌리를 내리도록 힘이 들어도
선행을 계속하셨습니다.


문 시 장 구
聞 是 章 句,

이와 같은 선행이 알려지자 식견이 있는 사람들이 방문하여
글과 구의 말씀을 듣고 깨우치게 되면서,


김영회의 금강경 해석본

내 지 일 념
乃至一念,

그대와 같이 말이 입에서 술술 나오지 않고, 한결같은
생각과 마음으로 이루어져,

생 정 신 자
生淨信者.

맑고 깨끗한 믿음이 생겨나게 된 것입니다."

수 보 리
須菩提.

"수보리."

여 래 실 지 실 견
如來悉知悉見,

"여래는 다 알고, 다 보기 때문에,

시 제 중 생 득 여 시 무 량 복 덕
是諸衆生得如是無量福德,

모든 중생들이 이와 같이 생겨나면 한없는 복덕을 얻게 합니다."

하 이 고
何以故,

"왜냐하면,"


시 제 중 생
是諸衆生,

"이런 모든 중생들은,"


무 부 아 상  인 상  중 생 상  수 자 상
無復 我相 人相 衆生相 壽者相,

거듭하지만 아상, 인상, 중생상, 수자상이 없고,


무 법 상  역 무 비 법 상
無法相 亦無非法相.

법의 상도 없고, 법이 아닌 상도 없기 때문입니다."


하 이 고
何以故,

"그러나,"


시 제 중 생
是諸衆生,

"이와 다른 중생들은,"

약 심 취 상
若心取相,

마음에 집착을 하여,


칙 위 저 아 인 중 생 수 자
則爲着我人衆生壽者,

아상, 인상, 중생상, 수자상이 분명하게 나타나서 드러나게 옷을
입고, 머리에 쓰고, 신을 신고, 두드러지게 그림과 글을 창작하고,
재산을 비축하고, 법칙을 세워서 다스리고, 지위와 계급을 위하여
태도를 거짓으로 꾸미는 것을 본보기로 삼아 배우게 하고, 뜰의
오미자로 오랫동안 좋게 살려 하고,


약 취 법 상
若取法相,

법에 집착을 하여,


즉 저 아 인 중 생 수 자
卽着我人衆生壽者,

아상, 인상, 중생상, 수자상이 이루어진 것을 오랫동안 생각하다
이것이 정해진 것을 알리든지, 그렇지 않으면 이것을 좋게 보충하
든지 가까이하다가 죽어 가는데,

하 이 고
何以故,

옛날 언제부터인지,


약 취 비 법 상
若取非法相,

법을 받아들이지 아니해도,


즉 저 아 인 중 생 수 자
卽着我人衆生壽者.

아상, 인상, 중생상, 수자상이 이루어진 것을 오랫동안 생각하다 이것이 정해진 것을 알리든지, 그렇지 않으면 이것을 좋게 보충하든지 가까이하다가 죽어가는 것입니다."


시 고
是故,

이런 연유로,


불 응 취 법   불 응 취 비 법
不應取法   不應取非法,

'법에 집착해서도 안 되고 법이 아닌 것에 집착해서도 안 된다.'라고 하시는,

이 시 의 고
以 是 義 故 ,

이런 말씀 때문인지,


여 래 상 설  여 등 비 구  지 아 설 법  여 벌 유 자
如來常說  汝等比丘  知我說法  如筏喩者

법 상 응 사  하 황 비 법
法尙應捨  何況非法 .

여래께서는 늘 "그대 비구들 중에는 '내가 법에 집착해서도 안 되
고 법이 아닌 것에 집착해서도 안 된다.'라고 깨우쳐주는 나의 설법
을 알아야 하는데, 나의 설법은 뗏목처럼 흘려보내고 응당 버려야
할 법을 오히려 숭상하고 하물며 어느 때에는 법을 비방하는 놈들
도 있다."고 말씀하셨습니다.

# 七.

# 無得無說分
무 득 무 설 분

:

깨달음이 없으면 설법을 하지 말아야 합니다

수 보 리
須菩提.

"수보리."

어 의 운 하
於意云何.

"그대의 생각은 어떠하십니까?"

여 래 득 아 누 다 라 삼 먁 삼 보 리 야
如來得阿耨多羅三藐三菩提耶.

"여래가 '아누다라삼먁삼보리'를 얻었습니까?"

여 래 유 소 설 법 야
如來有所說法耶.

"여래가 설법할 때 법을 가지고 합니까?"


수 보 리 언
須菩提言.

수보리가 말했습니다.


여 아 해 불 소 설 의
如我解佛所說義

"제가 부처님 말씀을 헤아려보니,


무 유 정 법 명 아 누 다 라 삼 먁 삼 보 리
無有定法名阿耨多羅三藐三菩提,

'아누다라삼먁삼보리'라는 이름으로 정해진 법이 없고,


역 무 유 정 법 여 래 가 설
亦無有定法如來可說,

단지 여래께서는 정해진 법이 있고 없음에 관계하지 않으시고
옳은 말씀만 하셨습니다."

하 이 고
何以故,

"왜냐하면,"


여 래 소 설 법
如來所說法,

"여래께서 설법을 하실 때,


개 불 가 취 불 가 설
皆不可取 不可說,

모두에게 두루 미치지 아니하면 받아들이지 않고,
모두를 견주어 비교하지 아니하고 말씀을 하시면,


비 법   비 비 법
非法  非非法,

법이 그르다고 법을 나무라고 등지기 때문입니다."


소 이 자 하
所以者何,

부처님께서 잠시 머뭇거리시더니,
"사람은 처해 있는 환경에 따라 다르므로,

일체현성　개이무위법　이유차별
一切賢聖　皆以無爲法　而有差別.

일체의 어질고 착한 성인이라도 모두에게 두루 미칠 수 있는
설법을 할 수 있는지 없는지에 따라 차별이 있을 수 있습니다."

# 八.

# 依法出生分
## 의 법 출 생 분
:
법의 옷을 입고 태어나야 합니다

수 보 리
須菩提.

"수보리."

어 의 운 하
於意云何.

"그대의 생각은 어떠하십니까?"

약 인  만 삼 천 대 천 세 계 칠 보  이 용 보 시
若人  滿三千大千世界七寶  以用布施,

"어떤 사람이 삼천대천세계를 가득 채울 만큼의 칠보로 보시를
한다면,

시 인  소득복덕 영위다부
是人 所得福德 寧爲多不.

이 사람은 복덕을 많이 얻을 수 있습니까?"


심 다   세 존
甚多. 世尊.

"매우 많이 얻을 수 있습니다. 세존."


하 이 고
何以故,

"왜냐하면,"


시 복 덕 즉 비 복 덕 성
是福德 卽非福德性,

"이런 복덕은 복덕을 얻으려고 하는 마음이 아니기 때문입니다."


시 고
是故,

이런 연유로,


여 래 설 복 덕 다
如來說福德多.

여래께서는 복덕을 많이 얻을 수 있다고 말씀하셨습니다.

약 부 유 인
若復有人,

거듭하여 부처님께서 말씀하셨습니다.
"어떤 사람이,

어 차 경 중
於此經中,

이 '경'을 따르는 중에,

수 지 내 지 사 구 게 등
受持乃至四句偈等,

'경전'을 받아 항상 잊지 않고 머리에 새기어 가지고 있다든지
혹은, '사구게'만이라도 받아 항상 잊지 않고 머리에 새기어
가지고 있다가,

위 타 인 설
爲他人說,

다른 사람에게 말씀을 전해주면,

기 복 승 피
其福勝彼.

그 복이 저 복보다 낫습니다."

하 이 고
何 以 故 .

"왜냐하면"


수 보 리
須菩提 .

"수보리."


일 체 제 불
一切諸佛,

"자기 나름의 생각이나 기준으로 된 부처는 완전히 아무런 관계가
없이 다른 부처이고,


급 제 불 아 누 다 라 삼 먁 삼 보 리 법
及諸佛阿耨多羅三藐三菩提法,

모두를 부처님으로 이르게 하는 '아누다라삼먁삼보리' 법은,


개 종 차 경 출
皆從此經出 .

이 '경'에서 나오기 때문에 다 같이 이 '경'을 따라야 합니다."

수 보 리
須菩提.

"수보리."


소 위 불 법 자 즉 비 불 법
所謂佛法者  卽非佛法.

"이른바 불법이라고 일컬어져도 다 불법은 아닙니다."

# 九.

# 一相無相分
일 상 무 상 분

⋮

어느 상이라도 상이 없어야 합니다


수 보 리
須菩提.

"수보리."


어 의 운 하
於意云何.

"그대의 생각은 어떠하십니까?"


수 다 원  능 작 시 념  아 득 수 다 원 과 부
須陁洹  能作是念  我得須陁洹果不.

"수다원이 자기가 수다원에 이른 것인지 이르지 아니한 것인지
알 수 있습니까?"

수 보 리 언
須菩提言.

수보리가 말했습니다.


불 야　세 존
不也.　世尊.

"없습니다. 세존."


하 이 고
何以故,

"왜냐하면,"


수 다 원 명 위　인 류 이 무 소 입　불 입 색 성 향 미 촉 법
須陁洹名爲　人流而無所入　不入色聲香味觸法

시 명 수 다 원
是名須陁洹.

"수다원이란 지위나 자리에 간여함이 없고 '색성향미촉법'에
빠지지 않으며, 흘러간 사람을 수다원이라고 하기 때문입니다."


수 보 리
須菩提.

"수보리."


　　　　　　　　　김영회의 금강경 해석본

어 의 운 하
於意云何.

"그대의 생각은 어떠하십니까?"

사 다 함   능 작 시 념   아 득 사 다 함 과 부
斯陁含  能作是念  我得斯陁含果不.

"사다함이 자기가 사다함에 이른 것인지 이르지 아니한 것인지
알 수 있습니까?"

수 보 리 언
須菩提言.

수보리가 말했습니다.

불 야   세 존
不也.  世尊.

"없습니다. 세존."

하 이 고
何以故,

"왜냐하면,"

사 다 함  명 일 왕 래  이 실 무 왕 래  시 명 사 다 함
斯陁含  名一往來  而實無往來  是名斯陁含.

"사다함은 이승과 저승을 왕래할 때 한 번이라도 왕래했다는
자취나 행적을 남기지 않으므로, 이를 일러 사다함이라고 하기
때문입니다."


수 보 리
須菩提.

"수보리."


어 의 운 하
於意云何.

"그대의 생각은 어떠하십니까?"


아 나 함  능 작 시 념  아 득 아 나 함 과 부
阿那含  能作是念  我得阿那含果不.

"아나함이 자기가 아나함에 이른 것인지 이르지 아니한 것인지
알 수 있습니까?"


수 보 리 언
須菩提言.

수보리가 말했습니다.

불야 세존
不也. 世尊.

"없습니다, 세존."


하 이 고
何以故,

"왜냐하면,"


아 나 함  명 위 불 래  이 실 무 불 래  시 고  명 아 나 함
阿那含  名爲不來  而實無不來  是故  名阿那含.

"아나함은 인간 세상에 다시 돌아오지 않기 때문에 돌아오지
않을 인간 세상에 자취나 행적을 남기지 않습니다. 이런 연유로
아나함이라고 하기 때문입니다."


수 보 리
須菩提.

"수보리."


어 의 운 하
於意云何.

"그대의 생각은 어떠하십니까?"

아 라 한  능 작 시 념  아 득 아 라 한 도 부
阿羅漢 能作是念 我得阿羅漢道不.

"아라한이 자기가 아라한의 길을 가는지 가지 않는지 알 수
있습니까?"

수 보 리 언
須菩提言.

수보리가 말했습니다.

불 야    세 존
不也. 世尊.

"없습니다. 세존."

하 이 고
何以故,

"왜냐하면,"

실 무 유 법 명 아 라 한
實無有法名阿羅漢

"참으로 아라한이라고 지칭할 수 있는 법이 없기 때문입니다."

세 존
世尊.

"세존."


약 아 라 한  작 시 념  아 득 아 라 한 도
若阿羅漢  作是念  我得阿羅漢道,

"아라한이 자기가 아라한의 도를 얻었다고 생각한다면,


즉 위 저 아 인 중 생 수 자
即爲着我人衆生壽者.

행위에 아상, 인상, 중생상, 수자상이 분명하게 나타납니다."


세 존
世尊.

"세존."


불 설 아 득 무 쟁 삼 매 입 중
佛說我得無諍三昧入中,

"부처님께서는 우리가 삼매에 들어가는 중에 간하시기를
'무여열반'에 이를 수 있으려면,


* 三昧: 잡념을 떨쳐버리고 정신을 집중하여 바른 지혜를 얻고 대상을 올바르게
  파악하는 것.


一相無相分 일상무상분                                            59

최 위 제 일
最爲第一

모든 것 중에서 가장 뛰어난 행위의 첫째가,

시 제 일 이 욕 아 라 한
是第一離欲阿羅漢

아라한처럼 되고자 하는 욕심에서 떠나야 가장 훌륭하고 옳다고
말씀하셨습니다."

세 존
世尊.

"세존."

아 부 작 시 념 아 득 아 라 한 도
我不作是念 我得阿羅漢道.

"저희가 이 같은 생각을 하지 말아야 아라한의 도에 이를 수 있습
니까?"

세 존 즉 불 설
世尊則不說.

세존께서는 곧바로 말씀하지 않으시다가 이윽고,

김영희의 금강경 해석본

수 보 리 시 락 아 란 나 행 자
須菩提是樂阿蘭那行者,

"수보리가 올바르게 '아란나행'을 즐길 수 있는 것은,

* 阿蘭那行: 세상의 시끄럽고 복잡한 번뇌에서 벗어나 조용히 수행하는 것.

이 수 보 리 실 무 소 행
以須菩提實無所行,

수보리가 아라한처럼 되고자 하는 소행이 없기 때문에,

이 명 수 보 리
而名須菩提,

그대가 수보리라는 이름으로,

시 락 아 란 나 행
是樂阿蘭那行.

이에 '아란나행'을 즐길 수 있는 것입니다."

一相無相分 일상무상분

# 十.

# 莊嚴淨土分
## 장 엄 정 토 분
∶

사념이 없이 매우 철저하고 바르게 살아야 합니다

불 고
**佛告**.

부처님께서 말씀하셨습니다.

수 보 리
**須菩提**.

"수보리."

어 의 운 하
**於意云何**.

"그대의 생각은 어떠하십니까?"

김영회의 금강경 해석본

여래 석 재 연 등 불 소　어 법 유 소 득 불
如來昔在然燈佛所　於法有所得不.

"여래가 옛날에 연등 부처님께서 계셨던 곳에서
법을 얻었습니까?"

불 야　　세 존
不也.　世尊.

"아닙니다. 세존."

여 래 재 연 등 불 소　어 법 실 무 소 득
如來在然燈佛所　於法實無所得.

"여래께서는 연등 부처님께서 계셨던 곳에서 법을 얻지 않으셨습
니다."

수 보 리
須菩提.

"수보리."

어 의 운 하
於意云何.

"그대의 생각은 어떠하십니까?"

보 살 장 엄 불 토 부
菩薩 莊嚴佛土不.

"보살의 불토가 장엄해야 합니까?"


불 야 세 존
不也. 世尊.

"아닙니다. 세존."


하 이 고
何以故,

"왜냐하면,"


장 엄 불 토 자 즉 비 장 엄 시 명 장 엄
莊嚴佛土者 則非莊嚴 是名莊嚴.

"장엄한 불토라는 것은 장엄하지 아니해야 이를 일러 장엄하다고
할 수 있기 때문입니다."


시 고
是故.

이런 연유로 부처님께서 말씀하셨습니다.

김영희의 금강경 해석본

수보리
須菩提.

"수보리."

제 보 살 마 하 살 응 여 시 생 청 정 심
諸菩薩摩訶薩應如是生清淨心,

"모든 보살마하살들은 망념을 없앤 깨끗한 마음이 생겨나야
합니다. 그런데 이와 같은 마음이 생겨나려면,

불 응 주 색 생 심
不應住色生心,

'색'의 마음이 생겨나도 머무르지 않도록 해야 하고,

불 응 주 성 향 미 촉 법 생 심
不應住聲香味觸法生心.

'성향미촉법'의 마음이 생겨나도 머무르지 않도록 해야 합니다.

응 무 소 주 이 생 기 심
應無所住 而生其心.

그렇게 머무르는 바가 없어야 그런 마음이 생겨나는 것입니다."

수 보 리
須菩提.

"수보리."


비 여 유 인   신 여 수 미 산 왕
譬如有人   身如須彌山王.

"비유컨대 어떤 사람이 수미산 왕의 몸과 같다고 합니다."


\* 須彌山: 세계의 중심에 있다고 하는 상상의 산.


어 의 운 하
於意云何.

"그대의 생각은 어떠하십니까?"


시 신 위 대 부
是身爲大不.

"이 몸처럼 크게 될 수 있다고 생각하십니까?"


수 보 리 언
須菩提言.

수보리가 말했습니다.

심대　세존
**甚大. 世尊.**

"매우 크게 될 수 있습니다. 세존."


하 이 고
**何以故,**

"왜냐하면,"


불 설 비 신　이 명 대 신
**佛說非身　是名大身.**

"부처님께서는 나를 크게 하는 것은 몸이 아니라 내가 훌륭하다는
이름이 나야 나를 크게 하는 것이라고 말씀하셨기 때문입니다."

# 十一.

# 無爲福勝分
무 위 복 승 분

⋮

하지 않아도 복이 더 나을 수 있습니다


수 보 리
須菩提.

"수보리."


여 항 하 중 소 유 사 수   여 시 사 등 항 하
如恒河中所有沙數 如是沙等恒河.

"갠지스 강이 모래를 가지고 있는 것처럼 이와 같이 갠지스 강과
같은 강에는 모래가 있습니다."


어 의 운 하
於意云何.

"그대의 생각은 어떠하십니까?"

시 제 항 하 사　영 위 다 부
是諸恒河沙　寧爲多不.

"이 갠지스 강과 모든 강의 모래가 많습니까?"


수 보 리 언
須菩提言.

수보리가 말했습니다.


심 다　세 존
甚多.　世尊.

"매우 많습니다. 세존."


단 제 항 하　상 다 무 수　하 황 기 사
但諸恒河　尚多無數　何況其沙.

"이 갠지스 강과 모든 강이 헤아릴 수 없이 많은데 하물며
어찌 그 모든 강의 모래를 헤아릴 수 있습니까!"


수 보 리
須菩提.

"수보리."

아 금 실 언 고 여
我今實言告汝.

"내가 지금부터 그대에게 참된 말씀을 드리겠습니다."


약 유 선 남 자 선 여 인
若有善男子善女人,

"착한 남자, 착한 여인이,


이 칠 보 만 이 소 항 하 사 수 삼 천 대 천 세 계
以七寶滿爾所恒河沙數三天大千世界,

갠지스 강과 곳곳에 있는 강의 모래만큼이나 되는 삼천대천세계
의 칠보로써,


이 용 보 시
以用布施,

보시를 한다면,


득 복 다 부
得福多不.

복을 많이 얻을 수 있습니까?"

김영회의 금강경 해석본

수 보 리 언
須菩提言.

수보리가 말했습니다.


심 다  세 존
甚多. 世尊.

"매우 많이 얻을 수 있습니다. 세존."


불 고
佛告.

부처님께서 말씀하셨습니다.


수 보 리
須菩提.

"수보리."


약 선 남 자 선 여 인
若善男子善女人,

"착한 남자, 착한 여인이,


어 차 경 중
於此經中,

이 '경'을 따르는 중에,

내 지 수 지 사 구 게 등
乃至受持四句偈等,

혹은 '사구게'만이라도 받아 머리에 새기어 가지고 있다가,


위 타 인 설
爲他人說,

다른 사람에게 말씀을 전해주면,


이 차 복 덕 승 전 복 덕
而此福德 勝前福德.

이 복덕이 먼저의 복덕보다 더 낫습니다."

김영회의 금강경 해석본

# 十二.

## 尊重正教分
존 중 정 교 분

∶

높이고 귀중하게 대하라고 바르게 가르치시다

부 차
**復次**.

부처님께서 거듭하여 말씀하셨습니다.

수 보 리
**須菩提**.

"수보리."

수 설 시 경  내 지 사 수 게 등 당 지 차 처
**隨說是經  乃至四句偈等當知此處**.

"이 '경'의 말씀에 따르고 이 '경'과 '사구게' 등을 이곳저곳으로
알려야 합니다."

일 체 세 간 천 인 아 수 라
一切世間天人阿修羅,

"그리고 모든 세상의 천인과 아수라와,

* 阿修羅: 싸움이 끊이지 않는 아수라도에 머무는 귀신들의 왕.

개 응 공 양 여 불 탑 묘
皆應供養　如佛塔廟,

모두는 부처님의 유골, 유품, 머리카락이 안치되어 있는 탑이나
사당에 공양을 해야 합니다."

하 황 유 인 진 능 수 지 독 송
何況有人盡能受持讀誦.

"그런데 하물며 이 '경'을 받아 항상 잊지 않고 머리에 새기어 가지
고 독송을 하는 사람이 있다면 어찌 더 극진하지 않겠습니까!"

수 보 리
須菩提.

"수보리."

김영회의 금강경 해석본

당 지 시 인 성 취 최 상 제 일 희 유 지 법
當知是人成就最上第一希有之法.

"최상 제일의 법을 성취한 이런 사람을 안다면 예를 갖추어
우러러 받들어야 합니다."

약 시 경 전 소 재 지 처
若是經典所在之處,

"그리고 이 '경전'이 있는 곳이라면,

즉 위 유 불 약 존 중 제 자
則爲有佛若尊重弟子.

부처님을 좇고 존중하는 제자들이 있는 곳이니 이와 같이
예를 갖추어 우러러 받들어야 합니다."

# 十三.

# 如法受持分
## 여 법 수 지 분
⋮

당연히 법을 따르고 '경전'을 받아 항상 잊지 않고
머리에 새기어 가져야 합니다

이 시
**爾時**,

그때,

수 보 리 백 불 언
**須菩提白佛言**.

수보리가 진솔하게 부처님께 말했습니다.

세 존
**世尊**.

"세존."

김영회의 금강경 해석본

당 하 명 차 경
當何名此經,

"그러면 이 '경'을 무엇이라고 해야 하며,

아 등 운 하 봉 지
我等云何奉持.

저희가 어떻게 받들어 보전해야 합니까?"

불 고
佛告.

부처님께서 말씀하셨습니다.

수 보 리
須菩提.

"수보리."

시 경 명 위 금 강 반 야 바 라 밀
是經名爲金剛般若波羅蜜,

"이 '경'을 '금강반야바라밀'로 하니,

이 시 명 자
以是名字,

이 '금강반야바라밀'을,

여 당 봉 지
**汝當奉持.**

그대들도 '금강반야바라밀'로 받들어 보전해야 합니다."


소 이 자 하
**所以者何.**

"왜 그런 줄 아십니까?"


수 보 리
**須菩提.**

"수보리."


불 설 반 야 바 라 밀
**佛說般若波羅蜜,**

"부처님께서 말씀하신 '반야바라밀'은,


즉 비 반 야 바 라 밀
**則非般若波羅蜜,**

'반야바라밀'을 말씀하신 것이 아니고,


시 명 반 야 바 라 밀
**是名般若波羅蜜.**

말씀하신 것을 '반야바라밀'이라 하기 때문입니다."

수 보 리
須菩提.

"수보리."


어 의 운 하
於意云何.

"그대의 생각은 어떠하십니까?"


여 래 유 소 설 법 부
如來有所說法不.

"여래가 설법할 때 법을 가지고 합니까?"


수 보 리 백 불 언
須菩提白佛言.

수보리가 진솔하게 부처님께 말했습니다.


세 존
世尊.

"세존."


여 래 무 소 설
如來無所說.

"여래께서는 어떤 것에도 관계하지 않으시고 말씀하십니다."

수 보 리
須菩提.

"수보리."


어 의 운 하
於意云何.

"그대의 생각은 어떠하십니까?"


삼 천 대 천 세 계  소 유 미 진
三千大千世界  所有微塵.

"삼천대천세계에는 티끌이 있습니다."


시 위 다 부
是爲多不.

"이 티끌이 많습니까?"


수 보 리 언
須菩提言.

수보리가 말했습니다.


심 다   세 존
甚多.  世尊.

"매우 많습니다. 세존."

수 보 리
須菩提.

"수보리."


제 미 진　여 래 설 비 미 진　시 명 미 진
諸微塵　如來說非微塵　是名微塵.

"모든 티끌을 여래가 티끌이 아니라고 말을 해도 티끌이고,


여 래 설 세 계　비 세 계　시 명 세 계
如來說世界　非世界　是名世界.

여래가 말하는 세계는 세계가 아니어도 세계입니다."


수 보 리
須菩提.

"수보리."


어 의 운 하
於意云何.

"그대의 생각은 어떠하십니까?"


가 이 삼 십 이 상 견 여 래 부
可以三十二相見如來不.

"서른두 가지의 상이 좋아야 여래입니까?"

불야    세존
不也. 世尊.

"아닙니다. 세존."


불 가 이 삼 십 이 상 득 견 여 래
不可以三十二相得見如來.

"서른두 가지의 상이 좋지 않아도 여래에 이를 수 있습니다."


하 이 고
何以故,

"왜냐하면,"


여 래 설 삼 십 이 상 즉 시 비 상  시 명 삼 십 이 상
如來說三十二相卽是非相 是名三十二相.

"여래께서는 서른두 가지의 상이 바르지 않아도 서른두 가지
상이라고 말씀하셨습니다."


수 보 리
須菩提.

"수보리."

약 유 선 남 자 선 여 인
若有善男子善女人,

"어떤 착한 남자, 착한 여인이,

이 항 하 사 등 신 명 보 시
以恒河沙等身命布施,

갠지스 강의 모래만큼이나 몸과 목숨으로 보시하는 것보다,

약 부 유 인
若復有人,

어떤 사람이 거듭하여,

어 차 경 중
於此經中,

이 '경'을 따르는 중에,

내 지 수 지 사 구 게 등
乃至受持四句偈等,

혹은, '사구게'만이라도 받아 항상 잊지 않고, 머리에 새기어
가지고 있다가,

위 타 인 설
爲他人說,

다른 사람에게 말씀을 전해주면,

기 복 심 다
其福甚多.

그 복이 매우 많습니다."

# 十四.

# 離相寂滅分
## 이 상 적 멸 분
:
상에서 떠나야 자연히 없어져 버립니다


이 시
**爾時**.

그때,


수 보 리 　 문 설 시 경 　 심 해 의 취 　 체 루 비 읍 　 이 백 불 언
**須菩提　聞說是經　深解義趣　涕淚悲泣　而白佛言**.

수보리가 이 '경'의 말씀을 듣고는 뜻을 올바르고 깊게 깨달아서인
지 촛농이 떨어지듯이 눈물을 흘리며 서럽게 울더니 이내 밝아진
표정으로 부처님께 말하였습니다.


희 유 세 존
**希有世尊**.

"우러러 그리워하는 세존이시여."

불 설 여 시 심 심 경 전
佛說如是甚深經典,

"부처님께서 말씀하시는 이와 같이 매우 심오한 '경전'이 있었는데
도 불구하고,

아 종 석 래 소 득 혜 안
我從昔來所得慧眼,

저는 혜안을 가지려고 오랫동안 저를 부르는 곳마다 따라다니기
만 했을 뿐,

미 증 득 문 여 시 지 경
未曾得聞如是之經.

이전에 가지지 못한 깨달음을 이와 같이 '경'으로 깨우치게
되었습니다."

세 존
世尊.

"세존."

약 부 유 인   득 문 시 경   신 심 청 정   즉 생 실 상
若復有人  得聞是經  信心淸淨  則生實相

당 지 시 인
當知是人,

"이에 어떤 사람이 거듭하여 이 '경'을 얻어들으면 맑고 깨끗한
믿음과 실상이 생겨난다고 이 사람들이 알기를,

성 취 제 일 희 유 공 덕
成就第一希有功德.

많은 공덕 중에 제일로 성취하고자 하는 바람입니다."

세 존
世尊.

"세존."

시 실 상 자   즉 시 비 상
是實相者　則是非相.

"'실상'은 '상'이 없어야 '실상'입니까?"

시 고
是故,

이런 연유로,

여 래 설 명 실 상
如來說名實相.

여래께서는 '실상'에 대해 말씀하셨습니다.

세 존
世尊.

"세존."


아 금 득 문 여 시 경 전
我今得聞如是經典,

"제가 지금 이와 같이 '경전'을 얻어 듣고,


신 해 수 지
信解受持,

믿음과 깨달음으로 '경전'을 받아 항상 잊지 않고 머리에 새기어
가지는 것이,


부 족 위 난
不足爲難,

어려운 일은 아니지만,


약 당 래 세 후 오 백 세
若當來世 後五百歲,

미래의 오백 년 뒤에라도,

기 유 중 생  득 문 시 경
其有眾生  得聞是經,

어떤 중생이 이 '경'을 얻어 듣고,


신 해 수 지
信解受持,

믿음과 깨달음으로 '경전'을 받아 항상 잊지 않고 머리에 새기어
가지는,


시 인 즉 위 제 일 희 유
是人則爲第一希有.

이런 사람을 제일로 바라고 있습니다."


하 이 고
何以故,

"왜냐하면,"


차 인
此人,

"이 사람은,

무 아 상 인 상 중 생 상 수 자 상
無我相人相衆生相壽者相.

아상, 인상, 중생상, 수자상이 없습니다."

소 이 자 하
所以者何,

"왜 그런가 하면,"

아 상 즉 시 비 상
我相卽是非相,

"아상을 가까이하다 올바른 상이 아니고,

인 상 중 생 상 수 자 상 즉 시 비 상
人相衆生相壽者相卽是非相.

인상, 중생상, 수자상을 가까이하다 올바른 상이 아닌 것을 알기
때문입니다."

하 이 고
何以故,

"그리고,"

이 일 체 제 상 즉 명 제 불
離一切諸相 則名諸佛.

"일체의 모든 상에서 떠나야 '부처'라고 하기 때문입니다."

김영회의 금강경 해석본

불 고
佛告.

부처님께서 말씀하셨습니다.


수 보 리
須菩提.

"수보리."


여 시 여 시
如是如是.

"바로 그렇습니다."


약 부 유 인
若復有人,

"어떤 사람이 거듭하여,


득 문 시 경
得聞是經,

이 '경'을 얻어듣는다면,


불 경 불 포 불 외
不驚不怖不畏,

놀라지도 않고, 두려워하지도 않고, 무서워하지도 않는다는 것을,

당 지 시 인
**當知是人,**

이 사람들이 알기를,


심 위 희 유
**甚爲希有.**

매우 바라는 것입니다."


하 이 고
**何以故,**

"왜냐하면,"


수 보 리
**須菩提.**

"수보리."


여 래 설 제 일 바 라 밀
**如來說第一波羅蜜,**

"여래가 말한 최고의 '바라밀'은,


비 제 일 바 라 밀
**非第一波羅蜜,**

최고의 '바라밀'이 아니라고 해도,

시 명 제 일 바 라 밀
是名第一波羅蜜.

최고의 '바라밀'이기 때문입니다."


수 보 리
須菩提.

"수보리."


인 욕 바 라 밀
忍辱波羅蜜,

"인욕바라밀을,


* 忍辱波羅蜜: 온갖 모욕과 고통, 번뇌를 참고 원한을 일으키지 않는 것을
완전하게 성취함.


여 래 설 비 인 욕 바 라 밀
如來說非忍辱波羅蜜.

여래는 인욕바라밀이 아니라고 말했습니다."


하 이 고
何以故,

"왜냐하면,"

수 보 리
須菩提.

"수보리."

여 아 석 위 가 리 왕
如我昔爲歌利王

"전생에 내가 인욕을 수행하고 있을 때 가리왕이,

* 歌利王: 부처님이 전생에 인욕을 수행하고 있을 때 부처님의 인욕을 시험하기

   위해 팔다리를 잘랐다는 왕.

할 절 신 체
割截身體,

나의 팔다리를 베었지만,

아 어 이 시
我於爾時,

나는 이미 그때,

무 아 상  무 인 상  무 중 생 상  무 수 자 상
無我相  無人相  無衆生相  無壽者相.

아상도 없고, 인상도 없고, 중생상도 없고, 수자상도 없었는데,

김영회의 금강경 해석본

하 이 고
**何以故,**

참으로 약간이라도,


아 어 왕 석 절 절 지 해 시
**我於往昔節節支解時,**

내가 전생에 마디마다 떨어질 때,


약 유 아 상 인 상 중 생 상 수 자 상
**若有我相人相衆生相壽者相,**

아상, 인상, 중생상, 수자상이 있었다면,


응 생 진 한
**應生瞋恨.**

눈을 부릅뜨고 성내며 미워하는 마음이 생겼을 것입니다."


수 보 리
**須菩提.**

"수보리."


우 념 과 거 어 오 백 세
**又念過去於五百世,**

"더욱이 과거 오백 년 동안 항상 마음속에 잊지 않고,

작 인 욕 선 인
作忍辱仙人,

선인으로 인욕수행을 했으므로,


어 이 소 세
於爾所世,

이곳 세상에서도,


무 아 상 무 인 상 무 중 생 상 무 수 자 상
無我相 無人相 無衆生相 無壽者相.

아상도 없고, 인상도 없고, 중생상도 없고,
수자상도 없는 것입니다."


시 고
是故.

"이런 연유로."


수 보 리
須菩提.

"수보리."


김영회의 금강경 해석본

보살 응리 일체 상
菩薩 應離一切相,

"보살들은 모든 상에서 떠나고,

발 아 누 다 라 삼 먁 삼 보 리 심
發阿耨多羅三藐三菩提心,

'아누다라삼먁삼보리'의 마음이 일어나서,

불 응 주 색 생 심
不應住色生心,

'색'의 마음이 생겨나도 머무르지 않도록 해야 하고,

불 은 주 성 향 미 촉 법 생 심
不應住聲香味觸法生心,

'성향미촉법'의 마음이 생겨나도 머무르지 않도록 해야 하고,

응 생 무 소 주 심
應生無所住心.

생겨나는 것에 관계없이 머무는 마음이 없도록 해야 합니다.

약 심 유 주
若心有住,

만약에 머무는 마음이 있으면,

즉 위 비 주
**則爲非住.**

곧 머물지 않도록 해야 합니다."


시 고
**是故,**

이런 연유로,


불 설 보 살
**佛說菩薩,**

부처님께서는 보살들에게,


심 불 응 주 색 보 시
**心不應住色布施.**

"색성향미촉법'에 머무르지 않은 마음으로 보시를 해야 합니다."라
고 말씀하셨습니다.


수 보 리
**須菩提.**

"수보리."

보 살 위 이 익 일 체 중 생
菩薩 爲利益一切衆生,

"보살들은 모든 중생들이 이롭도록,

응 여 시 보 시
應如是布施.

이와 같이 보시를 해야 합니다."

여 래 설 일 체 제 상 즉 시 비 상
如來說一切諸相 卽是非相,

"그래서 여래는 일체의 모든 상은 올바른 상이 아니고,

우 설 일 체 중 생 즉 비 중 생
又說一切衆生 則非衆生.

또, 모든 중생이 다 중생은 아니라고 말을 한 것입니다."

수 보 리
須菩提.

"수보리."

여래시진어자 실어자 여어자 불광어자
如來是眞語者 實語者 如語者 不誑語者

불이어자
不異語者.

"여래는 진리를 말하고, 본질을 말하고, 실상을 말하므로 속이는
말을 하지 않고 다르게 말을 하지 않습니다."


수보리
須菩提.

"수보리."


여래소득법  차법무실무허
如來所得法  此法無實無虛.

"그러므로 여래가 법을 얻었어도 이 법의 내용과는 관계없이
헛되지 않은 것입니다."


수보리
須菩提.

"수보리."


약보살  심주어법  이행보시
若菩薩  心住於法  而行布施,

"보살들이 '색성향미촉법'에 머무는 마음으로 보시한다면,

여인입암  즉무소견
如人入闇  則無所見,

사람이 어둠 속으로 들어간 것과 같이 보이지 않게 되고,


약보살  심부주법  이행보시
若菩薩  心不住法  而行布施,

보살들이 '색성향미촉법'에 머무는 마음이 없이 보시를 한다면,


여인유목  일광명조  견종종색
如人有目  日光明照  見種種色.

사람들의 눈에 물건의 가지가지 모양을 햇빛이 밝게 비추면
볼 수 있듯이 사람이 드러나게 되는 것입니다."


수보리
須菩提.

"수보리."


당래지세
當來之世,

"앞으로 다가오는 미래의 세상에서,

약 유 선 남 자 선 여 인
**若有善男子善女人,**

어떤 착한 남자, 착한 여인이,

능 어 차 경
**能於此經,**

능히 이 '경'을 따르고,

수 지 독 송
**受持讀誦,**

'경전'을 받아 항상 잊지 않고 머리에 새기어 가지고 독송을
한다면,

즉 위 여 래 이 불 지 혜
**則爲如來 以佛智慧,**

여래는 부처의 지혜를 가진,

실 지 시 인
**悉知是人,**

이런 사람을 다 알고,

실 견 시 인
**悉見是人,**

이런 사람을 다 보기 때문에,


개 득 성 취 무 량 무 변 공 덕
**皆得成就無量無邊功德.**

모두가 헤아릴 수 없이 크고 많은 공덕을 성취할 수 있게 합니다."

# 十五.

## 持經功德分
### 지 경 공 덕 분

∶

'경'을 보전하려는 공로를 고맙게 여기시다


수 보 리
須菩提.

"수보리."


약 유 선 남 자 선 여 인
若有善男子善女人,

"어떤 착한 남자, 착한 여인이,


초 일 분   이 항 하 사 등 신 보 시
初日分   以恒河沙等身布施,

아침에 갠지스 강의 모래만큼 몸을 보시하고,


　　　　　　　　김영회의 금강경 해석본

중 일 분  부 이 항 하 사 등 신 보 시
**中日分　復以恒河沙等身布施,**

점심에 다시 갠지스 강의 모래만큼 몸을 보시하고,


후 일 분  역 이 항 하 사 등 신 보 시
**後日分　亦以恒河沙等身布施,**

저녁에 또 갠지스 강의 모래만큼 몸을 보시하고,


여 시 무 량 백 천 만 억 겁  이 신 보 시
**如是無量百千萬億劫　以身布施,**

이와 같이 헤아릴 수 없는 백천만 억겁 동안에 몸을 보시하는 것
보다,


약 부 유 인
**若復有人,**

어떤 사람이 거듭하여,


문 차 경 전
**聞此經典,**

이 '경전'을 듣고,

신 심 불 역
信心不逆,

거스르지 않고 믿는다면,


기 복 승 피
其福勝彼,

그 복이 저 복보다 낫지만,


하 항 서 사 수 지 독 송
何況書寫受持讀誦,

하물며 어느 때라도 '경전'을 베껴 쓰고, '경전'을 받아 항상 잊지
않고 머리에 새기어 가지고 있다가 독송을 하고,


위 인 해 설
爲人解說.

사람들을 위해 쉽게 이야기한다면 그 복이 저 복보다 낫습니다."


수 보 리
須菩提.

"수보리."

이 요 언 지
以要言之,

"요점을 추려서 정확하게 말을 하면,

시 경
是經,

이 '경'이,

유 불 가 사 의 불 가 칭 량 무 변 공 덕
有不可思議 不可稱量 無邊功德,

생각할 수도 없고, 헤아릴 수도 없고, 끝도 없는 공덕이
있다는 것은,

여 래 위 발 대 승 자 설
如來爲發大乘者說,

여래가 크게 불법을 일으키는 사람을 위하여 말하고,

위 발 최 상 승 자 설
爲發最上乘者說,

최상의 불법을 일으키는 사람을 위하여 말을 했기 때문입니다.

약유인
若有人,

그래서 어떤 사람이라도,


능수지독송
能受持讀誦,

능히 '경전'을 받아 항상 잊지 않고 머리에 새기어 가지고 있다가
독송을 하고,


광위인설
廣爲人說,

널리 퍼질 수 있도록 사람들에게 '경전'의 말씀을 즐겁게 이야기한
다면,


여래실지시인  실견시인
如來悉知是人  悉見是人,

여래는 이런 사람을 다 알고, 이런 사람을 다 보기 때문에,


개득성취  불가량 불가칭 무유변 불가사의
皆得成就  不可量 不可稱 無有邊 不可思議

공덕
功德.

모두를 헤아릴 수도 없고, 일컬을 수도 없고, 끝을 알 수도 없고,


　　　　　　　　　　　　김영회의 금강경 해석본

생각할 수도 없는 공덕을 성취할 수 있게 합니다.

여 시 인 등
如 是 人 等,

그러므로 이와 같은 사람들이,

즉 위 하 담 여 래 아 누 다 라 삼 먁 삼 보 리
則 爲 荷 擔 如 來 阿 耨 多 羅 三 藐 三 菩 提.

은혜를 입고 여래의 '아누다라삼먁삼보리'를 짊어지게 된 것입니다."

하 이 고
何 以 故,

"그러나,"

수 보 리
須 菩 提.

"수보리."

약 락 소 법 자
若 樂 小 法 者,

"법을 즐기듯이 가볍게 여기는 사람들은,

저 아 견 인 견 중 생 견 수 자 견
**着我見人見衆生見壽者見**,

드러나게 아상이 있고, 인상이 있고, 중생상이 있고, 수자상이
있기 때문에,

즉 어 차 경
**則於此經**,

이 '경'이 있어도,

불 능 청 수 독 송  위 인 해 설
**不能聽受讀誦  爲人解說**.

듣지도, 배우지도, 읽지도, 외우지도 않으므로 사람들을 위해
쉽게 이야기를 할 수 없는 것입니다."

수 보 리
**須菩提**.

"수보리."

재 재 처 처
**在在處處**,

"이곳저곳 어느 곳이라도,

약 유 차 경
**若有此經,**

이 '경'이 있으면,

일 체 세 간 천 인 아 수 라
**一切世間天人阿修羅,**

모든 세상의 천인과 아수라도,

소 응 공 양
**所應供養,**

그곳에 공양하여야 하며,

당 지 차 처　즉 위 시 탑
**當知此處　則爲是塔,**

이곳은 바로 탑이 있는 곳과 같으니,

개 응 공 경
**皆應恭敬,**

모두가 공경하고,

작 례 위 요
**作禮圍繞,**

빙 둘러앉자 예를 취하고,

이 제 화 향
**以 諸 華 香,**

모두에게 꽃의 향기가,


이 산 기 처
**而 散 其 處.**

흩어지듯이 이곳저곳으로 널리 알려야 합니다."

김영회의 금강경 해석본

# 十六.

# 能淨業障分
능 정 업 장 분

:

### 전생에 지은 죄업도 깨끗이 할 수 있습니다


부 차
**復次**.

부처님께서 거듭하여 말씀하셨습니다.


수 보 리
**須菩提**.

"수보리."


선 남 자 선 여 인
**善男子善女人**,

"착한 남자, 착한 여인이,

수 지 독 송 차 경
**受持讀誦此經,**

이 '경'을 항상 잊지 않고 머리에 새기어 가지고 독송을 하는데,


약 위 인 경 천
**若爲人輕賤,**

사람들이 깔보고 업신여긴다면,


시 인
**是人,**

이 사람은,


선 세 죄 업
**先世罪業,**

전생에 지은 죄업으로,


응 타 악 도
**應墮惡道,**

지옥이나 아귀, 축생, 수라에 떨어져야 했지만,


이 금 세 인 경 천 고
**以今世人輕賤故,**

이승에서 사람들에게 깔보이고 업신여김을 당했기 때문에,


　　　　　　　　　　김영회의 금강경 해석본

선 세 죄 업
**先世罪業,**

전생에 지은 죄업은,


즉 위 소 멸
**則爲消滅,**

소멸이 되고,


당 득 아 누 다 라 삼 먁 삼 보 리
**當得阿耨多羅三藐三菩提.**

'아누다라삼먁삼보리'를 얻게 됩니다."


수 보 리
**須菩提.**

"수보리."


아 념 과 거 무 량 아 승 기 겁
**我念過去無量阿僧祇劫,**

"내가 과거의 헤아릴 수 없는 아승기겁 동안을 생각해 보니,


어 연 등 불 전
**於然燈佛前,**

연등 부처님을 뵙기 전에,

득 치 팔 백 사 천 만 억 나 유 타 제 불
得值八百四千萬億那由他諸佛,

깨달음을 얻으려 팔백 천만 억 나유타의 모든 부처님을 뵙고,

* 那由他: 아승기의 만 배가 되는 아주 많은 수를 표시하는 말.

실 개 공 양 승 사
悉皆供養承事,

모두를 공양을 하고 받들어 섬기며,

무 공 과 자
無空過者,

헛되이 지나친 적이 없지만,

약 부 유 인
若復有人,

어떤 사람이 거듭하여,

어 후 말 세
於後末世,

이다음 말세에,

능 수 지 독 송 차 경
**能受持讀誦此經,**

이 '경'을 항상 잊지 않고 머리에 새기어 가지고 독송을 하여,

소 득 공 덕
**所得功德,**

공덕을 얻게 된다면,

어 아 소 공 양 제 불 공 덕
**於我所供養諸佛功德,**

내가 모든 부처님들에게 공양해서 얻은 공덕은,

백 분 불 급 일
**百分不及一,**

백 분의 일에도 미치지 못하고,

천 만 억 분 내 지 산 수 비 유 소 불 능 급
**千萬億分 乃至算數譬喩 所不能及**

천만 억 분 내지는 어떤 수로 비유를 해도 능히 미치지 못합니다."

수 보 리
**須菩提.**

"수보리."

약 선 남 자 선 여 인
若善男子善女人,

"착한 남자, 착한 여인이,


어 후 말 세
於後末世,

이다음 말세에도,


유 수 지 독 송 차 경
有受持讀誦此經,

이 '경'을 항상 잊지 않고 머리에 새기어 가지고 독송을 한다면,


소 득 공 덕
所得功德,

공덕을 얻게 되지만,


아 약 구 설 자 혹 유 인 문 심 즉 광 란 호 의 불 신
我若具說者 或有人聞 心則狂亂 狐疑不信.

그럼에도 불구하고 내가 이와 같이 구체적으로 말을 하는 것은
혹 어떤 사람이 이 '경'을 듣고 마음이 미친 듯이 어지럽게 날뛰거
나 여우가 의심이 많듯이 매사에 지나치게 의심이 많아 믿지 못할
수도 있습니다."

수 보 리
須菩提.

"수보리."


당 지 시 경  의 불 가 사 의  과 보 역 불 가 사 의
當知是經 義不可思議 果報亦不可思議.

"그러므로 마땅히 이 '경'에 순응하면 사람의 생각으로는 미루어
헤아릴 수 없는 공덕을 얻게 되지만 만약에 그렇지 않는다면 사람
의 생각으로는 미루어 헤아릴 수 없는 과보를 얻게 된다는 것을
알아야 합니다."

# 十七.

# 究竟無我分
### 구 경 무 아 분

:

가장 지극한 깨달음에 이르려면
'아상, 인상, 중생상, 수자상'이 없어야 합니다

이 시
**爾時**,

그때,

수 보 리 백 불 언
**須菩提白佛言**.

수보리가 진솔하게 부처님께 말했습니다.

세 존
**世尊**.

"세존."

김영회의 금강경 해석본

선 남 자 선 여 인
善男子善女人,

"착한 남자, 착한 여인이,


발 아 누 다 라 삼 먁 삼 보 리 심
發阿耨多羅三藐三菩提心,

'아누다라삼먁삼보리'의 마음이 일어나면,


운 하 응 주
云何應住,

왜 그 마음을 머무르게 하고,


운 하 항 복 기 심
云何降伏其心.

왜 구름처럼 피어나는 어떤 마음(번뇌)을 다스려야 합니까?"


불 고
佛告.

부처님께서 말씀하셨습니다.


수 보 리
須菩提.

"수보리."

선 남 자 선 여 인
善男子善女人,

"착한 남자, 착한 여인이,

발 아 누 다 라 삼 먁 삼 보 리 자
發阿耨多羅三藐三菩提者,

'아누다라삼먁삼보리'가 일어나도,

당 생 여 시 심
當生如是心,

이와 같은 마음이 생겨나야,

아 응 멸 도 일 체 중 생
我應滅度一切衆生

내가 모든 중생들을 '멸도'에 이르게 하는데,

멸 도 일 체 중 생 이
滅度一切衆生已,

'멸도'에 이르고자 하는 모든 중생들이 그것을 그 후 얼마 되지
아니하여 버리니,

김영희의 금강경 해석본

이 무 유 일 중 생 실 멸 도 자
**而無有一衆生實滅度者.**

어떤 한 중생도 참으로 '멸도'에 이르게 할 수 없습니다."


하 이 고
**何以故,**

"왜냐하면,"


수 보 리
**須菩提.**

"수보리."


약 보 살
**若菩薩,**

"보살들이,"


유 아 상 인 상 중 생 상 수 자 상
**有我相人相衆生相壽者相,**

아상, 인상, 중생상, 수자상이 있으면,


즉 비 보 살
**則非菩薩.**

보살이 아니기 때문입니다."

소 이 자 하
所以者何,

"왜 그런 줄 아십니까?"


수 보 리
須菩提.

"수보리."


실 무 유 법   발 아 누 다 라 삼 먁 삼 보 리 자
實無有法  發阿耨多羅三藐三菩提者.

"참으로 '아누다라삼먁삼보리'를 일으킬 수 있는 법이 없기 때문입
니다."


수 보 리
須菩提.

"수보리."


어 의 운 하
於意云何.

"그대의 생각은 어떠하십니까?"

여래 어 연등 불 소
如來於然燈佛所,

"여래가 연등 부처님이 계신 곳에서,

유 법 득 아 누 다 라 삼 먁 삼 보 리 부
有法得阿耨多羅三藐三菩提不.

'아누다라삼먁삼보리'라는 법을 얻었습니까?"

불 야　세 존
不也, 世尊.

"아닙니다. 세존"

여 아 해 불 소 설 의
如我解佛所說義,

"제가 부처님 말씀을 헤아려보니,

불 어 연등 불 소
佛於然燈佛所,

부처님께서는 연등 부처님이 계신 곳에서,

무 유 법 득 아 누 다 라 삼 먁 삼 보 리
無有法得阿耨多羅三藐三菩提.

'아누다라삼먁삼보리'라는 법을 얻지 않으셨습니다."

불 언
佛言.

부처님께서 말씀하셨습니다.


여 시 여 시
如是如是.

"바로 그렇습니다."


수 보 리
須菩提.

"수보리."


실 무 유 법 여 래 득 아 누 다 라 삼 먁 삼 보 리
實無有法如來得阿耨多羅三藐三菩提.

"참으로 여래는 '아누다라삼먁삼보리'로 법을 얻지 않았습니다."


수 보 리
須菩提.

"수보리."


약 유 법 여 래 득 아 누 다 라 삼 먁 삼 보 리 자
若有法如來得阿耨多羅三藐三菩提者,

"여래가 '아누다라삼먁삼보리'로 법을 얻었으면,


김영회의 금강경 해석본

연등불 즉 불 여 아 수 기 여 어 래 세
**然燈佛 則不與我受記 汝於來世,**

연등 부처님께서 나에게 너는 내세에 부처가 되겠다든가 또는
어떻게 되리라는 수기를 주지 않으셨을 것이고,


당 득 작 불 호 석 가 모 니
**當得作佛 號釋迦牟尼,**

부처의 지위를 얻고 '석가모니'라고 불리게 된 것은,


이 실 무 유 법 득 아 누 다 라 삼 먁 삼 보 리
**以實無有法得阿耨多羅三藐三菩提.**

참으로 '아누다라삼먁삼보리'로는 법을 얻지 않았기 때문입니다.


시 고
**是故,**

이런 연유로,


연 등 불 여 아 수 기 작 시 언 여 어 래 세 당 득 작 불
**然燈佛 與我受記作是言 汝於來世 當得作佛**

호 석 가 모 니
**號釋迦牟尼.**

연등 부처님께서는 나에게 '너는 내세에 부처의 지위를 얻고
'석가모니'라고 불릴 것이다.'라는 말로 수기를 주신 것입니다.”


究竟無我分 구경무아분

하 이 고
**何以故,**

"왜냐하면,"


여 래 자 즉 제 법 여 의
**如來者 卽諸法如義.**

"여래는 모든 법과 같이 바르기 때문입니다."


약 유 인 언
**若有人言,**

"사람들이 말하기를,


여 래 득 아 누 다 라 삼 먁 삼 보 리
**如來得阿耨多羅三藐三菩提.**

'여래는 '아누다라삼먁삼보리'로 깨달음을 얻었다.'라고 해도"


수 보 리
**須菩提.**

"수보리."

실 무 유 법 불 득 아 누 다 라 삼 먁 삼 보 리
實無有法佛得阿耨多羅三藐三菩提.

"참으로 '아누다라삼먁삼보리'는커녕 비슷한 어떤 법도 얻은 적이 없습니다."

수 보 리
須菩提.

"수보리."

여 래 소 득 아 누 다 라 삼 먁 삼 보 리
如來所得阿耨多羅三藐三菩提,

"여래가 '아누다라삼먁삼보리'를 얻었을 경우,

어 시 중
於是中,

이 '아누다라삼먁삼보리'는,

무 실 무 허
無實無虛.

아무것도 없이 공허했을 것입니다.

시 고
是故,

이런 연유로,


여 래 설 일 체 법   개 시 불 법
如來說一切法  皆是佛法.

여래가 말하는 모든 법이 다 '불법'입니다."


수 보 리
須菩提.

"수보리."


소 언 일 체 법 자  즉 비 일 체 법
所言一切法者  卽非一切法.

"모든 법을 말한다고 모두가 법은 아닙니다."


시 고
是故,

"이런 연유로,


명 일 체 법
名一切法.

모든 법이 훌륭해야 하는 것입니다."

수 보 리
須菩提.

"수보리."


비 여 인 신 장 대
譬如人身長大.

"비유컨대 사람의 몸을 크게 할 수 있습니까?"


수 보 리 언
須菩提言.

수보리가 말했습니다.


세 존
世尊.

"세존."


여 래 설 인 신 장 대  즉 위 비 대 신  시 명 대 신
如來說人身長大  則爲非大身  是名大身.

"여래께서는 '사람의 몸을 크게 하는 것은 몸을 크게 하는 것이
아니라 내가 훌륭하다는 이름이 나야 나를 크게 하는 것이다.'
라고 말씀하셨습니다."

수 보 리
須菩提.

"수보리."


보 살 역 여 시
菩薩亦如是,

"보살들도 역시 이와 같이 하여야 하지만,


약 작 시 언  아 당 멸 도  무 량 중 생  즉 불 명 보 살
若作是言  我當滅度  無量衆生  則不名菩薩.

'내가 헤아릴 수 없이 많은 중생들을 '멸도'에 이르게 하리라.'라는
말을 한다면 보살이 아닙니다."


하 이 고
何以故,

"왜냐하면,"


수 보 리
須菩提.

"수보리."

실 무 유 법 명 위 보 살
**實無有法名爲菩薩.**

"참으로 보살이라고 할 수 있는 법이 없기 때문입니다."


시 고
**是故,**

이런 연유로,


불 설 일 체 법　무 아 무 인 무 중 생 무 수 자
**佛說一切法　無我無人無眾生無壽者.**

부처님께서는 "모든 법에는 아상도 없어야 하고, 인상도 없어야
하고, 중생상도 없어야 하고, 수자상도 없어야 합니다."라고
말씀하셨습니다.


수 보 리
**須菩提.**

"수보리."


약 보 살 작 시 언　아 당 장 엄 불 토　시 불 명 보 살
**若菩薩作是言　我當莊嚴佛土　是不名菩薩.**

"보살들이 '우리의 불토는 장엄해야 한다.'라는 말을 한다면 이는
보살이 아닙니다."

하 이 고
**何以故,**

"왜냐하면,"


여 래 설 장 엄 불 토 자  즉 비 장 엄  시 명 장 엄
**如來說莊嚴佛土者　卽非莊嚴　是名莊嚴.**

"여래가 말하지만, 장엄한 불토는 장엄하지 아니해야 장엄하기
때문입니다."


수 보 리
**須菩提.**

"수보리."


약 보 살
**若菩薩,**

"보살들이,"


통 달 무 아 법 자
**通達無我法者,**

아상도 없고, 인상도 없고, 중생상도 없고, 수자상도 없는 법으로
통달했다면,

여래설 명진시보살
**如來說名眞是菩薩.**

여래가 말하는 참된 보살이 바로 이런 '보살'입니다."

# 十八.

# 一體同觀分
### 일 체 동 관 분
⋮
## 그 몸이 그 몸입니다


수 보 리
須菩提.

"수보리."


어 의 운 하
於意云何.

"그대의 생각은 어떠하십니까?"


여 래 유 육 안 부
如來有肉眼不.

"여래는 육안을 가지고 있습니까?"

여 시   세 존
如是. 世尊.

"그렇습니다. 세존."


여 래 유 육 안
如來有肉眼.

"여래께서는 육안을 가지고 계십니다."


수 보 리
須菩提.

"수보리."


어 의 운 하
於意云何.

"그대의 생각은 어떠하십니까?"


여 래 유 천 안 부
如來有天眼不.

"여래는 천안을 가지고 있습니까?"


여 시   세 존
如是. 世尊.

"그렇습니다. 세존."

여 래 유 천 안
如來有天眼.

"여래께서는 천안을 가지고 계십니다."


수 보 리
須菩提.

"수보리."


어 의 운 하
於意云何.

"그대의 생각은 어떠하십니까?"


여 래 유 혜 안 부
如來有慧眼不.

"여래는 혜안을 가지고 있습니까?"


여 시   세 존
如是. 世尊.

"그렇습니다. 세존."


여 래 유 혜 안
如來有慧眼.

"여래께서는 혜안을 가지고 계십니다."

수 보 리
須菩提.

"수보리."


어 의 운 하
於意云何.

"그대의 생각은 어떠하십니까?"


여 래 유 법 안 부
如來有法眼不.

"여래는 법안을 가지고 있습니까?"


여 시　세 존
如是. 世尊.

"그렇습니다. 세존."


여 래 유 법 안
如來有法眼.

"여래께서는 법안을 가지고 계십니다."


수 보 리
須菩提.

"수보리."

어 의 운 하
於意云何.

"그대의 생각은 어떠하십니까?"


여 래 유 불 안 부
如來有佛眼不.

"여래는 불안을 가지고 있습니까?"


여 시　세 존
如是. 世尊.

"그렇습니다. 세존."


여 래 유 불 안
如來有佛眼.

"여래께서는 불안을 가지고 계십니다."


수 보 리
須菩提.

"수보리."


어 의 운 하
於意云何.

"그대의 생각은 어떠하십니까?"

여 항 하 중 소 유 사   불 설 시 사 부
如恒河中所有沙  佛說是沙不.

"갠지스 강에는 모래가 있는데 부처가 이 모래에 대해 말을
했습니까?"


여 시   세 존
如是. 世尊.

"그렇습니다. 세존."


여 래 설 시 사
如來說是沙.

"여래께서는 이 모래에 대해 말씀하셨습니다."


수 보 리
須菩提.

"수보리."


어 의 운 하
於意云何.

"그대의 생각은 어떠하십니까?"


一體同觀分 일체동관분                                        141

여 일 항 하 중 소 유 사　유 여 시 등 항 하
如 一 恒 河 中 所 有 沙　有 如 是 等 恒 河,

"갠지스 강에 모래가 있는 것만큼 이와 같이 갠지스 강과 같은
강이 있는데,

시 제 항 하 소 유 사 수 불 세 계　여 시 영 위 다 부
是 諸 恒 河 所 有 沙 數 佛 世 界　如 是 寧 爲 多 不.

이 갠지스 강과 모든 강의 모래만큼 부처의 세계가 이와 같다면
많지 않겠습니까?"

심 다　세 존
甚 多.　世 尊.

"매우 많습니다. 세존."

불 고
佛 告.

부처님께서 말씀하셨습니다.

수 보 리
須 菩 提.

"수보리."

이소국토중 소유중생
爾所國土中 所有衆生,

"이 부처의 세계에 있는 중생들이,

약 간 종 심
若干種心,

씨를 심듯이 근본을 심으려는 아무것도 없이 형식적이거나
건성으로 하다가 요구하는 마음만 있다는 것을,

여 래 실 지
如來悉知.

여래는 다 알고 있습니다."

하 이 고
何以故,

"왜냐하면,"

여 래 설 제 심
如來說諸心,

"여래가 모두에게 마음을 전한다고 해서,

개 위 비 심
**皆爲非心,**

모두에게 마음이 전해지는 것도 아니고,


시 명 위 심
**是名爲心.**

명목상으로만 마음이 전해지기 때문입니다."


소 이 자 하
**所以者何.**

"왜 그런 줄 아십니까?"


수 보 리
**須菩提.**

"수보리."


과 거 심 불 가 득
**過去心不可得,**

"과거에 옳지 않은 마음을 가졌다면,


현 재 심 불 가 득
**現在心不可得,**

현재에도 옳지 않은 마음을 가졌을 것이고,

미 래 심 불 가 득
未來心不可得.

미래에도 옳지 않은 마음을 가지기 때문입니다.”

# 十九.

# 法界通化分
법 계 통 화 분

⋮

법의 경계에서 통하던 것을 바꾸어 가르치시다

수 보 리
須菩提.

"수보리."

어 의 운 하
於意云何.

"그대의 생각은 어떠하십니까?"

약 유 인
若有人,

"어떤 사람이,

만 삼 천 대 천 세 계 칠 보  이 용 보 시
滿三千大千世界七寶  以用布施,

삼천대천세계를 가득 채울 만큼의 칠보로 보시를 한다면,


시 인   이 시 인 연  득 복 다 부
是人  以是因緣  得福多不.

이 사람은 이런 인연으로 복을 많이 얻을 수 있습니까?"


여 시    세 존
如是.  世尊.

"그렇습니다. 세존."


차 인  이 시 인 연  득 복 심 다
此人  以是因緣  得福甚多.

"이 사람은 이런 인연으로 매우 많은 복을 얻을 수 있습니다."


수 보 리
須菩提.

"수보리."


약 복 덕 유 실
若福德有實,

"복덕의 열매가 있었다면,

여래불설득복덕다
如來不說得福德多.

여래는 복덕을 많이 얻을 수 있다고 말하지 않았을 것입니다.


이복덕무고
以福德無故,

그러나 옛날부터 아무런 까닭이 없이 복덕이 있다고 했기 때문에,


여래설득복덕다
如來說得福德多.

여래는 복덕을 많이 얻을 수 있다고 말한 것입니다."

# 二十.

# 離色離相分
이 색 이 상 분
:
색에서도 떠나고 상에서도 떠나야 합니다


수 보 리
須菩提.

"수보리."


어 의 운 하
於意云何.

"그대의 생각은 어떠하십니까?"


불 가 이 구 족 색 신 견 부
佛可以具足色身見不.

"부처는 육신을 충분히 갖추어야 합니까?"

불야　세존
不也.　世尊.

"아닙니다. 세존."


여래불응이구족색신견
如來不應以具足色身見.

"여래는 육신을 충분히 갖추지 않아도 됩니다."


하이고
何以故,

"왜냐하면,"


여래설구족색신
如來說具足色身,

"여래께서는 '구족색신'은,


즉비구족색신
卽非具足色身,

'구족색신'이 아니어도,


시명구족색신
是名具足色身.

'구족색신'이라고 말씀하셨습니다."


　　　　　　　　김영회의 금강경 해석본

수 보 리
須菩提.

"수보리."

어 의 운 하
於意云何.

"그대의 생각은 어떠하십니까?"

여 래 가 이 구 족 제 상 견 부
如來可以具足諸相見不.

"여래는 모든 상을 충분하게 갖추어야 합니까?"

불 야   세 존
不也. 世尊.

"아닙니다. 세존."

여 래 불 응 이 구 족 제 상 견
如來不應以具足諸相見.

"여래는 모든 상을 충분하게 갖추지 않아도 됩니다."

하 이 고
何以故,

"왜냐하면,"

여 래 설 제 상 구 족
**如來說諸相具足,**

"여래께서는 '제상구족'은,

즉 비 구 족
**卽非具足,**

충분하게 갖추고 있지 않아도,

시 명 제 상 구 족
**是名諸相具足.**

'제상구족'이라고 말씀하셨습니다."

# 二十一.

# 非說所說分

비 설 소 설 분

:

말을 한다고 다 설법은 아닙니다

수 보 리

須菩提.

"수보리."

여 물 위 여 래 작 시 념  아 당 유 소 설 법

汝勿謂如來作是念 我當有所說法.

"여래가 설법을 할 때 그대는 내가 법을 가지고 설법을 한다는
생각을 하지 말아야 합니다."

막 작 시 념

莫作是念.

"아무런 생각 없이 설법을 하는 것입니다."

하 이 고
何 以 故,

"왜냐하면,"


약 인 언
若 人 言,

"이와 같다면 사람들이 말하기를,


여 래 유 소 설 법
如 來 有 所 說 法,

'여래가 설법을 할 때에는 법을 가지고 설법을 한다.'라고,


즉 위 방 불   불 능 해 아 소 설 고
卽 爲 謗 佛   不 能 解 我 所 說 故.

부처를 헐뜯으면서 내가 말하는 어떤 것으로도 깨달을 수 없다고
하기 때문입니다."


수 보 리
須 菩 提.

"수보리."

설 법 자
**說法者,**

"그래서 설법을 하려면,


무 법 가 설  시 명 설 법
**無法可說  是名說法.**

법에 관계없이 옳은 말을 해야 설법입니다."


이 시
**爾時,**

그때,


혜 명 수 보 리  백 불 언
**慧命須菩提  白佛言.**

혜명 수보리가 진솔하게 부처님께 말했습니다.


세 존
**世尊.**

"세존."

파 유 중 생  어 미 래 세  문 설 시 법  생 신 심 부
頗有衆生 於未來世 聞說是法 生信心不.

"매우 비뚤어진 중생들이 미래의 세상에서 이 법의 말씀을 들으면
믿는 마음이 생겨날 수 있습니까?"

불 언
佛言.

부처님께서 말씀하셨습니다.

수 보 리
須菩提.

"수보리."

피 비 중 생  비 불 중 생
彼非衆生 非不衆生.

"저 중생들이 그르다고 '중생이 아니다.'라고 비방하지 말아야
합니다."

하 이 고
何以故,

"왜냐하면,"

수보리
須菩提.

"수보리."


중생중생자
衆生衆生者,

"중생, 중생하는데,


여래설비중생 시명중생
如來說非衆生 是名衆生.

여래가 말하는 중생은 그른 면이 있어야 '중생'입니다."

# 二十二.

# 無法可得分

무 법 가 득 분

:

법이 없어도 깨달을 수 있습니다

수 보 리 백 불 언
**須菩提白佛言.**

수보리가 부처님께 진술하게 말했습니다.

세 존
**世尊.**

"세존."

불 득 아 누 다 라 삼 먁 삼 보 리  위 무 소 득 야
**佛得阿耨多羅三藐三菩提  爲無所得耶.**

"부처님께서는 '아누다라삼먁삼보리'로 깨달은 것이 없습니까?"

불 언
佛言.

부처님께서 말씀하셨습니다.


여 시 여 시
如 是 如 是.

"바로 그렇습니다."


수 보 리
須菩提.

"수보리."


아 어 아 누 다 라 삼 먁 삼 보 리　내 지 무 유 소 법 가 득
我 於 阿 耨 多 羅 三 藐 三 菩 提　乃 至 無 有 小 法 可 得,

"나는 '아누다라삼먁삼보리'로는 조금도 깨달은 것이 없기 때문에,


시 명 아 누 다 라 삼 먁 삼 보 리
是 名 阿 耨 多 羅 三 藐 三 菩 提.

이를 일러 '아누다라삼먁삼보리'라고 하는 것입니다."


無法可得分 무법가득분　　　　　　　　　　159

# 二十三.

# 淨心行善分
정 심 행 선 분

⋮

사념이 없는 마음으로 선법을 수행해야 합니다

부 차
復次.

부처님께서 거듭하여 말씀하셨습니다.

수 보 리
須菩提.

"수보리."

시 법 평 등  무 유 고 하
是法平等  無有高下,

"이 법은 어떤 높고 낮음이 없이 평등하므로,

시 명 아 누 다 라 삼 먁 삼 보 리
是名阿耨多羅三藐三菩提.

이를 일러 '아누다라삼먁삼보리'라고 하는 것입니다.


이 무 아 무 인 무 중 생 무 수 자
以無我無人無衆生無壽者,

그러므로 아상도 없고, 인상도 없고, 중생상도 없고,
수자상도 없는,


수 일 체 선 법
修一切善法,

모든 선법으로 닦는다면,


즉 득 아 누 다 라 삼 먁 삼 보 리
則得阿耨多羅三藐三菩提.

'아누다라삼먁삼보리'의 깨달음을 얻게 됩니다."


수 보 리
須菩提.

"수보리."

소 언 선 법 자
**所言善法者,**

"선법에 대해 말을 하면,


여 래 설　즉 비 선 법　시 명 선 법
**如來說　卽非善法　是名善法.**

여래가 말하지만, 선법이 아니라고 비방하는 선법이 훌륭한

선법입니다."

# 二十四.

# 福智無比分
## 복 지 무 비 분
:
복덕과 지혜는 비교하지 말아야 합니다


수 보 리
**須菩提.**

"수보리."


약 삼 천 대 천 세 계 중
**若三千大千世界中,**

"삼천대천세계의,


소 유 제 수 미 산 왕
**所有諸須彌山王,**

수미산 왕이 가지고 있는 모든 것 중에,

여 시 등 칠 보 취
如是等七寶聚,

이와 같이 칠보를 통틀어 모아서,


유 인　지 용 보 시
有人　持用布施,

어떤 사람이 보시를 하려는 것과,


약 인　이 차 반 야 바 라 밀 경
若人　以此般若波羅蜜經,

어떤 사람이 이 '반야바라밀경'으로,


내 지 사 구 게 등　수 지 독 송
乃至四句偈等　受持讀誦,

'사구게' 혹은 '경전'을 받아 항상 잊지 않고 머리에 새기어 가지고
독송을 하거나,


위 타 인 설
爲他人說,

다른 사람에게 말씀까지 전해주면,

어 전 복 덕
**於前福德,**

이전의 복덕은,


백 분 불 급 일 백 천 만 억 분  내 지 산 수 비 유
**百分不及一 百千萬億分 乃至算數譬喩**

소 불 능 급
**所不能及.**

백 분의 일에도 미치지 못하고 백천만 억 분 내지는 어떤 수로
비유를 해도 능히 미치지 못합니다."

# 二十五.

# 化無所化分
## 화 무 소 화 분
∶
### 가르쳐서 되는 것이 아닙니다

수 보 리
**須菩提.**

"수보리."


어 의 운 하
**於意云何.**

"그대의 생각은 어떠하십니까?"


여 등 물 위 여 래 작 시 념 아 강 도 중 생
**汝等勿謂如來作是念 我當度衆生.**

"여래는 그대들에게 내가 중생을 제도한다는 생각으로 말을
한다고 생각하지 말아야 합니다."

수 보 리
須菩提.

"수보리."

막 작 시 념
莫作是念.

"아무런 생각 없이 말하는 것입니다."

하 이 고
何以故,

"왜냐하면,"

실 무 유 중 생 여 래 도 자
實無有衆生如來度者.

"참으로 여래는 어떤 중생도 제도할 수 없기 때문입니다."

약 유 중 생 여 래 도 자
若有衆生如來度者,

"여래가 어떤 중생을 제도하려고 한다면,"

여 래 즉 유 아 인 중 생 수 자
如來則有我人衆生壽者.

여래는 아상, 인상, 중생상, 수자상을 가지게 됩니다."

수 보 리
須菩提.

"수보리."


여 래 설
如來說.

"여래는 말합니다."


유 아 자   즉 비 유 아
有我者  則非有我.

"나는 있어도 나는 아상, 인상, 중생상, 수자상을 가지고 있지
않습니다.


이 범 부 지 인   이 위 유 아
而凡夫之人  以爲有我.

그러나 범부라는 사람은 아상, 인상, 중생상, 수자상을 가지고
있기 때문에 범부라고 하는 것입니다."


수 보 리
須菩提.

"수보리."

범부자 여래설 즉비범부 시명범부
凡夫者 如來說則非凡夫 是名凡夫.

"범부인 사람을 여래가 범부가 아니라고 말해도
범부는 범부입니다."

# 二十六.

# 法身非相分
법 신 비 상 분
⋮
불법을 완전히 깨달아도 상이 없어야 합니다


수 보 리
須菩提.

"수보리."


어 의 운 하
於意云何.

"그대의 생각은 어떠하십니까?"


가 이 삼 십 이 상  관 여 래 부
可以三十二相 觀如來不.

"삼십이 상으로 여래를 볼 수 있습니까?"


김영희의 금강경 해석본

수보리 언
須菩提言.

수보리가 말했습니다.

여 시 여 시
如 是 如 是.

"바로 그렇습니다."

이 삼 십 이 상 관 여 래
以 三 十 二 相 觀 如 來.

"삼십이 상으로 여래를 볼 수 있습니다."

불 언
佛 言.

부처님께서 말씀하셨습니다.

수 보 리
須 菩 提.

"수보리."

약 이 삼 십 이 상 관 여 래 자
若 以 三 十 二 相 觀 如 來 者,

"삼십이 상으로 여래를 볼 수 있다면,

전 륜 성 왕　즉 시 여 래
轉輪聖王　則是如來.

전륜성왕도 여래입니까?"


＊ 轉輪聖王: 인도 신화에서 통치의 수레바퀴를 굴려 세계를 통일, 지배하는

이상적인 제왕.


수 보 리 백 불 언
須菩提白佛言.

수보리가 부처님께 진술하게 말했습니다.


세 존
世尊.

"세존."


여 아 해 불 소 설 의
如我解佛所說義,

"제가 부처님 말씀을 헤아려보니,


불 응 이 삼 십 이 상　관 여 래
不應以三十二相　觀如來.

삼십이 상으로는 여래를 볼 수 없습니다."

이 시
爾時,

그때,

세 존 이 설 게 언
世尊 而說偈言.

세존께서 '게송'으로 말씀하셨습니다.

약 이 색 견 아
若以色見我,

"만약에 모양으로 나를 본다거나,

이 음 성 구 아
以音聲求我,

음성으로 나에게 구하려 한다면,

시 인 행 사 도
是人行邪道,

마음이 바르지 않게 길을 가는 사람이므로,

불 능 견 여 래
不能見如來.

여래를 볼 수 없으리라."

# 二十七.

# 無斷無滅分
## 무 단 무 멸 분
:
끊어지지도 않고 없어지지도 않습니다


수 보 리
須菩提.

"수보리."


여 약 작 시 념  여 래 부 이 구 족 상 고
汝若作是念  如來不以具足相故

득 아 누 다 라 삼 먁 삼 보 리
得阿耨多羅三藐三菩提.

"그대는 여래가 충분하게 갖추었기 때문에 '아누다라삼먁삼보리'

를 얻었다고 생각합니까?"

수 보 리
須菩提.

"수보리."

막 작 시 념 여 래 불 이 구 족 상 고
莫作是念 如來不以具足相故

득 아 누 다 라 삼 먁 삼 보 리
得阿耨多羅三藐三菩提.

"여래가 충분하게 갖추었기 때문에 '아누다라삼먁삼보리'를 얻지
않았다는 생각은 하지 말아야 합니다."

수 보 리
須菩提.

"수보리."

여 약 작 시 념 발 아 누 다 라 삼 먁 삼 보 리
汝若作是念 發阿耨多羅三藐三菩提,

"그대의 생각으로 '아누다라삼먁삼보리'가 일어나면,

열 제 법 단 멸 상 막 작 시 념
說諸法斷滅相 莫作是念.

모든 법이 쉽게 끊어져 없어질 수 있다는 생각도 하지 말아야
합니다."

하 이 고
何以故,

"왜냐하면,"


발아누다라삼먁삼보리심자
發阿耨多羅三藐三菩提心者,

"'아누다라삼먁삼보리'의 마음이 일어나도,


어 법 불 열 단 멸 상
於法 不說斷滅相.

법은 쉽게 끊어져 없어지지 않습니다."

# 二十八.

# 不受不貪分

### 불 수 불 탐 분

⋮

받을 수 없으니 탐하지 말아야 합니다




수 보 리
須菩提.

"수보리."


약 보 살 이 만 항 하 사 등 세 계 칠 보  지 용 보 시
若菩薩 以滿恒河沙等世界七寶 持用布施,

"보살들이 갠지스 강의 모래만큼의 세계를 칠보로써 가득
채울 수 있게 보시를 하는 것과,


약 부 유 인  지 일 체 법 무 아  득 성 어 인
若復有人 知一切法無我 得成於忍,

어떤 사람이 거듭하여 참고 따르면 깨달음에 이룰 수 있도록
아상, 인상, 중생상, 수자상이 없는 모든 법을 알게 한다면,

차 보 살 승 전 보 살 소 득 공 덕
此菩薩 勝前菩薩所得功德.

이 보살의 공덕이 앞의 보살이 얻은 공덕보다 더 낫습니다."


수 보 리
須菩提.

"수보리."


이 제 보 살 불 수 복 덕 고
以諸菩薩 不受福德故.

"그러므로 모든 보살들은 연고에 따라 복덕을 받지 못할 수도
있습니다."


수 보 리 백 불 언
須菩提白佛言.

수보리가 진솔하게 부처님께 말했습니다.


세 존
世尊.

"세존."

운 하 보 살 부 수 복 덕
云何菩薩 不受福德.

"어떻게 해야 보살들이 복덕을 받을 수 있습니까?"


수 보 리
須菩提.

"수보리."


보 살   소 작 복 덕   불 응 탐 착
菩薩 所作福德 不應貪着.

"보살들이 복덕을 받으려면 탐착하지 말아야 합니다."


* 貪着: 만족할 줄 모르고 어떤 것을 가지거나 차지하고 싶어 지나치게 욕심을
  내는 마음을 버리지 못함.


시 고
是故,

이런 연유로,


설 불 수 복 덕
說不受福德.

복덕을 받을 수 없다고 말씀하셨습니다.

# 二十九.

# 威儀寂靜分
위 의 적 정 분

⋮

움직임을 헤아리니 고요하고 고요하다

수 보 리
須菩提.

"수보리."


약 유 인 언  여 래 약 래 약 거 약 좌 약 와
若有人言  如來若來若去若坐若臥,

"어떤 사람이 '여래는 오면 가고, 앉으면 잔다.'라고 말을 한다면,


시 인  불 해 아 소 설 의
是人  不解我所說義.

이 사람은 나를 헤아리지 못하고 말하는 사람입니다."


김영희의 금강경 해석본

하 이 고
**何以故,**

"왜냐하면,"


여 래 자 무 소 종 래 역 무 소 거 고 명 여 래
**如來者 無所從來 亦無所去 故名如來.**

"여래는 '따르지 않아도 오고, 갈 곳이 없어도 갑니다.'
그래서 '여래'입니다."

# 三十.

# 一合理相分
일 합 이 상 분

⋮

서로는 하나로 모이게 되어 있습니다


수 보 리
須菩提.

"수보리."


약 선 남 자 선 여 인
若善男子善女人,

"착한 남자, 착한 여인이,


이 삼 천 대 천 세 계
以三千大千世界,

삼천대천세계를,


　　　　　김영희의 금강경 해석본

쇄 위 미 진
碎爲微塵,

부수어 티끌로 만든다면,"


어 의 운 하
於意云何.

"그대의 생각은 어떠하십니까?"


시 미 진 중   영 위 다 부
是微塵衆 寧爲多不.

"이 티끌이 많습니까?"


심 다      세 존
甚多. 世尊.

"매우 많습니다. 세존."


하 이 고
何以故,

"왜냐하면,"


一合理相分 일합이상분

약 시 미 진 중  실 유 자
**若是微塵衆 實有者,**

"이 티끌은 실제로 행(行)해서 있기 때문입니다.
그리고 이와 같은 티끌이었다면,

불 칙 불 설 시 미 진 중
**佛則不說是微塵衆.**

부처님께서는 이러한 티끌을 본보기로 삼아 티끌을 말씀하지
않으셨을 것입니다."

소 이 자 하
**所以者何,**

"왜 그런가 하면,"

불 설 미 진 중  즉 비 미 진 중  시 명 미 진 중
**佛說微塵衆 則非微塵衆 是名微塵衆.**

"부처님께서는 티끌도, 티끌이 아니어도 티끌이라고 말씀하셨기
때문입니다."

세 존
**世尊.**

"세존."

여 래 소 설 삼 천 대 천 세 계  즉 비 세 계  시 명 세 계
如來所說三千大千世界  則非世界  是名世界.

"여래께서는 삼천대천세계를 세계가 아니어도 세계라고
말씀하셨습니다."


하 이 고
何以故,

"왜냐하면,"


약 세 계  실 유 자  즉 시 일 합 상
若世界  實有者  則是一合相,

"세계가 실제로 존재한다면 하나로 모여지기 때문에,


여 래 설 일 합 상  즉 비 일 합 상  시 명 일 합 상
如來說一合相  則非一合相  是名一合相.

여래께서는 하나도, 하나가 아닌 것도 하나라고 말씀하셨습니다."


수 보 리
須菩提.

"수보리."

일 합 상 자   즉 시 불 가 설
一合相者　則是不可說,

"하나로 모여진 것은 말로 할 수 없는데,


단 범 부 지 인
但凡夫之人

다만, 범부라는 사람들이,


탐 착 기 사
貪着其事.

그 일에 대해 탐착할 뿐입니다."

# 三十一.

# 知見不生分

## 지 견 불 생 분

⋮

### 지식과 견해는 갑자기 생겨나는 것이 아닙니다

수 보 리
須菩提.

"수보리."

약 인 언 불 설 아 견 인 견 중 생 견 수 자 견
若人言 佛說我見人見衆生見壽者見,

"사람들이 부처의 말에는 '아상이 있고, 인상이 있고,
중생상이 있고, 수자상이 있다.'라고 한다면,"

수 보 리
須菩提.

"수보리."

어 의 운 하
## 於意云何.

"그대의 생각은 어떠하십니까?"


시 인 해 아 소 설 의 부
## 是人 解我所說義不.

"이 사람들은 나의 말을 헤아리고 있습니까?"


불 야   세 존
## 不也. 世尊.

"아닙니다. 세존."


시 인 불 해 여 래 소 설 의
## 是人 不解如來所說義.

"이 사람들은 여래의 말씀을 바르게 헤아리지 못하고 있습니다."


하 이 고
## 何以故,

"왜냐하면,"


김영회의 금강경 해석본

세 존 설 아 견 인 견 중 생 견 수 자 견
世尊說我見人見眾生見壽者見,

"세존께서 아상에 대해, 인상에 대해, 중생상에 대해, 수자상에
대해 말씀하실 때,

즉 비 아 견 인 견 중 생 견 수 자 견
卽非我見人見眾生見壽者見,

아상이 있지도, 인상이 있지도, 중생상이 있지도,
수자상이 있지도 않은데,

시 명 아 견 인 견 중 생 견 수 자 견
是名我見人見眾生見壽者見.

이를 아상이 있다고, 인상이 있다고, 중생상이 있다고,
수자상이 있다고 보았기 때문입니다."

수 보 리
須菩提.

"수보리."

발 아 누 다 라 삼 먁 삼 보 리 심 자
發阿耨多羅三藐三菩提心者,

"'아누다라삼먁삼보리'의 마음이 일어난 사람은,

知見不生分 지견불생분                    189

어 일 체 법
於一切法,

모든 법을,


응 여 시 지  여 시 견  여 시 신 해
應如是知  如是見  如是信解,

이와 같이 알고, 이와 같이 보고, 이와 같이 믿어서
진리를 터득한다 해도,


불 생 법 상
不生法相.

법상이 생겨나지 않도록 해야 합니다."


수 보 리
須菩提.

"수보리."


소 언 법 상 자
所言法相者,

"법상이 있는 사람을 말할 때,


여 래 설 즉 비 법 상  시 명 법 상
如來說卽非法相  是名法相.

여래가 말하지만, 법상이 없어야 법상이 있는 것입니다."


김영회의 금강경 해석본

# 三十二.

# 應化非眞分
## 응 화 비 진 분

⋮

## 가르침에 응하는 것만이 진리는 아닙니다

수 보 리
須菩提.

"수보리."

약 유 인  이 만 무 량 아 승 기 세 계 칠 보  지 용 보 시
若有人  以滿無量阿僧祇世界七寶  持用布施,

"어떤 사람이 헤아릴 수 없는 아승기 세계를 가득 차게 보시를
하는 것과,

* 阿僧祇: 수로 표현할 수 없는 가장 많은 수, 또는 그런 시간.

약 유 선 남 자 선 여 인
**若有善男子善女人,**

어떤 착한 남자, 착한 여인이,

발 보 살 심 자
**發菩薩心者,**

보살의 마음이 일어나,

지 어 차 경
**持於此經,**

이 '경'을 지니고 있거나,

내 지 사 구 게 등　수 지 독 송
**乃至四句偈等　受持讀誦,**

혹은 '사구게' 등 '경전'을 받아 항상 잊지 않고 머리에 새기어
가지고 있다가 독송을 하거나,

위 인 연 설
**爲人演說,**

사람들을 위해 연설을 한다면,

기 복 승 피
**其福勝彼,**

그 복이 저 복보다 낫지만,


운 하 위 인 연 설
**云何爲人演說,**

사람들에게 연설할 때는,


불 취 어 상
**不取於相,**

상에 취하지 않고,


여 여 부 동
**如如不動,**

생각이나 의지에 변함이 없이 흔들리지 않아야 합니다."


하 이 고
**何以故,**

"왜냐하면,"


일 체 유 위 법
**一切有爲法,**

"온갖 수단과 방법으로 모든 것을 다 가져도,

여 몽 환 포 영
# 如夢幻泡影,

꿈과 환상과 거품과 그림자와 같고,


여 로 역 여 전
# 如露亦如電,

이슬과 같고, 또한 번개같이 빠르게 지나가듯이,


응 작 여 시 관
# 應作如是觀.

말을 거짓으로 지어내도 이와 같기 때문입니다."라고 하시면서,


불 설
# 佛說.

부처님께서 말씀하셨습니다.


시 경 이
# 是經已.

"이상 이 '경'을 마치도록 하겠습니다."라고 하시자,

장로수보리 급제비구비구니 우바새우바이
長老須菩提 及諸比丘比丘尼 優婆塞優婆夷

일체세간천인아수라
一切世間天人阿修羅,

장로 수보리와 모든 비구, 비구니, 우바새, 우바이,

일체 세간의 천인과 아수라와,

\* 優婆塞: 출가하지 않고 집에서 부처님의 가르침을 따르는 남자를 이르는 말.

\* 優婆夷: 출가하지 않고 집에서 부처님의 가르침을 따르는 여자를 이르는 말.

문불소설 개대환희 신수봉행
聞佛所說 皆大歡喜 信受奉行

금강반야바라밀경
金剛般若波羅蜜經.

부처님의 말씀을 들은 모두는 크게 기뻐하며 믿음을 받아들이고
'금강반야바라밀경'을 받들어 보전하기로 하였습니다.